40代からは、「わたしらしく」ふたりで生きる。

杉林せいこ

Clover
クローバー出版

我慢しない大人のパートナーシップの本
40代からは、「わたしらしく」ふたりで生きる。

杉林せいこ

はじめに

この本は彼（彼女）と出会うための方法や出会った二人がうまく人生を過ごすための単なるテクニックの内容ではありません。

あなたが、あなたとふさわしい人と出会えたり、出会うことで二人がお互いに人生をイキイキ生きることができ、それに留まらず、出会った相乗効果で周りをも幸せに巻き込んでいけるという、生き方の根本的な捉え方の内容そのものです。

あるいは、二人で生きる知恵そのものでもあります。

総じては、相手と出会う前から結婚までのプロセスを生きるヒントとしての内容です。

最近、少子化の中において、日本では四〇代でも結婚が徐々に増えてきている喜ばしい現状もあります。

ですが、平行して離婚数も相変わらず増加の一途です。私は、決して離婚そのものが悪いというわけではなく、せっかく思い合って一緒になった二人が何故こんなにまで次々と別れていくのか、という現状に疑問を抱きます。

あるいは、たとえ結婚生活は続いていても、その実、二人の間は破綻状態、というカップルがなんと多いことか……。

何だか、「人ごと」では済まされない思いです。

別れの要因は、確かに生活を始めてからその過程で発生するものですが、私はそれ以前、つまり、男と女が出会う前の段階において、各々が、すでにその呼び水を作る人生を送っているような気がしてならないのです。（あるいは、そのような、考えを持ちながら日々を送っている）

彼や、彼女たちの結婚に対する考え方そのものが、互いに相応の相手との出会いを作り、あるいは、早々の別れをも生み出しているとも言えるのです。
ですから、相手に出会う前や結婚前のあなた自身の生き方や人生に対する考えが、なおさら重要だといわざるをえません。

そこで、二人がいつまでも睦まじく生涯をともにするのは不可能なことなのか？

いえ、うまくいっているカップルだっているわけです。
「何故、この人（男性）と出会ったのか？」を、いろんな角度から思考すると、おのずと答えは見つかるものです。
あるがままの、出会いのままの二人がそれぞれの良さを引き出せる組み合わせになることが、最高のカップルなのです。

私も縁あって十六才年下の夫と結婚し、模索の日々を過ごしながらも二〇年

を過ぎましたが、

「やっぱり夫婦っていい！」

と、心から思っています。

時には、口ゲンカになったり考え方が対立したり、喜び合ったり、まさにデコボコの日々ですが、そこから学ぶことも「大なり！」です。

「出会いは、最高です！」

そんなことを思いながらペンを運びました。

この本を手にとって下さった方にとって一筋の光にでもなれば、私としては喜びもひとしおです。

どうぞ、お好きなページからお読み下さい。


幸せなカップルが一組でも多く誕生し、永遠の愛を保てることを祈りつつ！

ワンポイントアドバイス

・恋は一過性の産物だが、愛は永遠の財宝なり

目次

第一章　彼に出会う前――

第二章　交際中――

第三章　結婚したら――

第一章　彼に出会う前

1 彼と出会いたいなら ルンルン気分で

あなたが真剣に、彼と出会いたいなら、今を楽しくしておく必要があります。間違っても

「アー、もう四〇過ぎちゃったわ。私なんかに振り向いてくれる男性いるわけないじゃん」

などと悲愴感漂う気持ちでいると、それこそ気分は沈み、顔は曇り、あなた自身からは暗いオーラしか出ていないはず。

沈滞したムードの時には、男性が寄ってきても、それなりの人にしか出会え

ません。

もの欲しげな顔だと、男性もそれを見抜きます。

あなたが四〇であろうが、五〇だろうが、今のあなたを精一杯生きてること
が重要なんです。

何かやりたいことをめざしているとベスト。

私の年下夫を始め、周りの男性の話を聞くと
「単なる結婚願望の女性より、何かに懸命になって取り組んでいる女性の方が輝いて見える」

と、異口同音に言います。

それは仕事であったり、趣味であったり、ボランティアであったり、あるいはあなたの親の介護かもしれません。

とにかく、今を喜びながらひたむきに生活していることが重要なのです。

つまり、あなたが生きることに前向きであること。

そして不必要な心配は無用。

心の中に「パートナーと出会いたい」という気持ちを温かくストックしながら、ルンルンと生きていることが、あなたのオーラを明るく保てる秘訣です。

私も独身の頃、四〇才になって、

「相手は見つかるのかしら？」

なんて、ほんのわずか余計な心配虫が巣くうときがありましたが、そんな時は瞬時に思いの消しゴムで消すことにしていました。

頭の中を、その都度プラスにリセット。

仕事や遊びに楽しく向かう自分にするのです。

「一日一日をルンルンで行くぞ！」

なんて決めたものです。

そんな時、四三才で夫と出会ったのです。

その時、なんと！　夫は二八になる寸前でした。

出会った時、夫は私のことを
「とても楽しく明るいものを感じた」
「人生を前向きに過ごしているな」
とも思ったようです。（本当のことなのです。手前味噌でスミマセン……）

人は接していて、本質的に明るかったり、楽しくなる人を好むものです。


しかし、「明るくしよう」では、策略として見破られてしまいます。

日常の考え方や生活そのものが、自然にあなた自身に表れるもの。

ただ、ただ、あなたの今瞬間のあり方が、とても大事です。

あなたの貴重な日々を、ルンルンな状態で過ごすことが、まず先決であることを決してお忘れのないように。

ワンポイントアドバイス

・彼と出会う前の心の状態はきわめて大切
・日々を楽しく過ごすあなたであること

2 時には自分を試してみる

「婚活」という言葉が流行っています。

仕事を探すことを「就活」、結婚相手を探すことを「婚活」っていうようですが実によくできた言葉です。

善し悪しは別にして、時代にマッチした言葉が、よく作られるものです。

今は、職探しをするのも大変ですが、自分の相手と出会うことすら困難な時代になったということです。

私の周りにも、四〇才以上の独身の男女が、チラホラと目につきます。互いをムリに結びつけようとするわけにもいかず、あるいは接点を企て、もし、うまくいかなかったことを考えると、それぞれに気まずさを与えることになっては……と思うと積極的な動きはやめてしまいます。

ですが、さりげなく機会は作ってあげています。本人たちが、それとは分からない自然の場で……。それでも、男と女の需要と供給は、滅多にうまくいかないものです。

だからこそ、出会いを望む人は、希望を捨ててはいけません。

男も女も、安穏とすることなく、積極的に出会いのきっかけ作りをする必要があります。

あなたの職場や、周囲にほとんど異性が居ず、話す機会も全くなければ、どんどん異性と出会うことから遠ざかり、接することに臆するあなたになってしまう可能性があります。

日頃、同性とばかり話していると緊張感も薄れがち。

特に、あなたが四〇代、五〇代であり、一日も早く彼を射止めたいのであれば、時にはあなたのハートを確かめるきっかけを作ることも必要となるでしょう。

心身が老化しないためにも……。

コンパもよし、いっそ見合いパーティでもいいと思いますよ。

そういうところに出かけると、いつもと違うおしゃれをしたくなり、あなたから出るドキドキの女性ホルモンで、肌ツヤもよくなることでしょう。

私もちょうど四〇くらいの時、年上の友人が内緒で、私のことを申し込んだ見合いパーティーへ、やむなく参加することになったのですが、やはり出かける直前からウキウキ感が、わずかあったような気がします。

頬は紅潮し、どんな人と出会えるのかしら？　という期待感は、仕事で出かける自分とは、ちょっぴり異なる気持ちだったことを思い出します。

残念ながら、気に入る方との巡りあいはなかったのですが、数人（二〇代〜四〇代）にアプローチされたことの心地良さを今でも覚えているのは不思議なことです。

多分に、小柄な私なので、実際の年齢より随分若く見えたようです。あとで聞いた話ですが、私の実年齢を聞いて引いた男性がその中から一人いたとか……。（笑）

実は、この時、思ったのが、

「ア〜。私は、まだ大丈夫なのだ〜」

と、いう少なからずの自信でしたね。

期待とともに、半分は自分に対するお試しのつもりもあったので……。


あなたが、そんな会やパーティに参加して、アタックしてくる人や自分に対して気のありそうな人を、もし一人も感じなかった場合は少し自己点検してみる必要があるかもしれません。

◉ チェックポイント

□ **暗く感じられていないか？**

↓もし、そうだとすると何が原因か？

・表情（緊張のあまり笑顔がない）の、せいではないか。

・化粧のしかた

・服装

・話し方

・声

・言葉づかいはどうか？

など

□ **おしゃれ度はどうか？**

↓素敵！　と思われる雰囲気か？

・香りに気を配っているか？（香水、オーデコロン、アロマなど）
・服装、ヘアスタイルが、ださいと思われないか？
・服とバッグはマッチしているか？

□**話し方は温かいか？**

・相手の話をよく聞いてあげる姿勢を示しているか？
・自分のこともさりげなくPRしているか？
・相手のことを詰問していないか？

第一印象はとても大切なことを忘れないでほしいと思います。

やはり、いろんな場面でTPOに応じて自分を表現できる女性であると素敵ですよね。日頃から、自分のベストなファッションや、さりげなく主張できる趣味などを持ち合わせていることも大切です。

ビジネスで言えば、それは戦略です。

たとえ、どんなにすばらしい商品を作っている会社でも、それを売ってもらう相手の会社に、すばらしい商品としてうまくプレゼンテーションできなければ伝わらないのと同じです。

「私は中身で勝負よ！」

という自負心だけではうまくいきそうにありません。

ちなみに、そのお見合いパーティ時の私のことを、自慢はできないけれど、参考までに覚えているかぎりあげてみます。

服装……………ブルーのさわやかな感じのスーツ(仕事時にも着ていたもの)
ヘアスタイル…ショートヘア（清潔さを感じてもらうことを第一に）
化粧……………全体的に明るめの化粧。口紅も薄いピンク色
マニキュア……透明に近いピンクだったような。手は意外に見られています。

香り……………オーデコロンをさりげなく

（石けんの香りのようなものだったと記憶）

要は、あなたが、「どのようなイメージに見られたいか」を思いながら、おしゃれをすることが望ましいと思います。

あなたが好んでするおしゃれと、第三者が見た評価は異なることがあるので、身近な親しい方に時々意見を聞くことも必要でしょう。

それに、決して美人の類には入れない私なので、自分なりにトータルなイメージには常に心がけていましたね。

顔の作りがいまひとつなら、表情がありますから大丈夫。

表情にはその人のパーソナリティと生き方が正直に出ますからね。

そして、楽しい話題で語ること。

但し、初対面時に女性のジョーク（冗談やしゃれ）は、あまり好まれないのでご注意を。さあ、楽しく出会いへと動きましょう。

ワンポイントアドバイス

・相手との出会いは、待ちの姿勢では望み薄！
・常にあなたは「どう見られているか？」を意識していますか？

3

相手の理想を語る前に

私の若い頃、周囲によく聞かれていました。

「どんな男性《ひと》がいいの？」

「理想は？」

「外見は？」

などと。

そのたびに、

「う～ん、私の好きになった人、気に入った人が理想かな？」

なんて、若すぎる私は、その場に任せて答えていたものです。

今、同様なことを、周りの女性にたずねてみると、

「やさしい人」

「思いやりのある家庭を大事にする人、それでいて仕事熱心で……」

という答えがほとんどです。

やはり女性は「自分」を主体として、欲張って相手を探すんだなあと感じます。

自分にとって優しい人であり、自分にとって思いやりがあり、家庭を大事にする人。

それでいて、仕事にも意欲的であること。


概して、仕事熱心で、会社中心の男性は、つい家庭に目を向けそびれるもの。家庭生活のことは妻に任せっきり、となってしまいがちでもあります。

かたや、マイホームパパといわれ、ホットな男性は、弱肉強食の会社組織では、管理職へのスムーズな昇進を望むのは難しいことであったり……。

男性のありようはなかなか、世の欲張りな女性たちの思う通りにはいかないものです。

そこで、「どのような男性がいいか？」と思案するのも大切なことですが、「どのような男性」と巡りあうかは、それ以前に今のあなたが「どのように生きているかの結果の出会い」とも言える気がしてならないのです。

あなたが「こんな男性と出会いたい」と、どんなに願っていても、所詮は今のあなたに匹敵する相手と出会ってしまうもの。

もっとわかりやすく言うと、今、自分の仕事に専念し、余暇も充実した日々を過ごし、家族や周りにも愛を持って接していて、今が幸せと思うあなたなら、そのあなたにふさわしい人と出会ってしまうということ。

それとは逆に、「そんなに嫌いでもなければ、この辺で妥協するかな？」なんて思うものなら出会う相手も、「ここらが潮時かな？」なんて心の中で思っているものです。

あなたの心の深い部分の「思い」「考え」と同様な人とひきあってしまうから人との巡りあわせとは実に不思議なものです。

出会った相手はその時の「自分の鏡」と思えるくらいです。

優しさや思いやりなどは人として基本的なことであり、とても大切な部分ですが、そのことばかりにとらわれていると、肝心なものが見えないことがあります。

だって交際中は、互いにいいところを見せたいばかりに、親切に思いやりありそうな動きで双方とも気づかいをするものですよね。（経験者は語る……）

それが「恋」なのですから。

確かに無意識の瞬間の言動の中に、本来の相手が見えることもあります。

それと同時に、肝心なのは、彼の「仕事」や「まわりの人」や「親兄弟」「これからの生き方」に対する考え方がきちんとあるかどうかも見極める冷静さは重要です。

少し固く表現すると、彼はどんなふうに生きていて、どんな「人生観」の持ち主かということです。

何度も何度も話をしていれば、相手の考え方は分かってきます。

彼があなたに同調せんがための「生き方のウソ」は、いつかばれてしまうものです。

とにもかくにも男性に、「優しい人」「温かな人」「思いやりがある人」と望む前に、あなた自身が「どのような人生を歩みたいか」を語ることのできる女性になれば同様な男性に出会えるはずです。「相手への期待」に、まず「自身の確立」が先決だと言えるでしょうね。

ワンポイントアドバイス

・理想は幻想のこともあり

4

出会いのイメージは現実化する

自分の生き方や方向性が、ある程度決まればそれにともなうパートナー像が浮かんでくるはずです。

例えば「自分のやっている仕事は大好きなので、結婚しても、それを続けることに理解があり、助け合って家庭生活を続けていける人」とか「結婚したら専業主婦になりたい。でも、それは相手を頼ることではなく、彼をきちんと支えていけるしっかり主婦になりたい」「子供が大きくなれば、また、社会復帰できる気構えはあるわ。それを分かってくれる人」など大きな視点で人生を考え、能動的に結婚生活を歩もうとしているあなたであれば、自然とそれを基軸に相手を見ることになります。

恐いのは、自分の主体性のある生き方も考えず、単に「ステキな彼氏」を望むことなんですね。

相手は高学歴で顔もまあまあで、経済力もしっかりしていて……などと。空虚な理想像といってもいいでしょう。こんなふうに表面だけを見ている女性もいます。

高学歴でも、それを笠に着て人間的魅力に欠ける男性だっているし、そんなに高い学歴でなくても、きちんと自らの生き方を確立している男性は数多くいます。

顔の美醜なんて、生き方で変化してくるもの。要は人相、表情に人生は表れるので、その方（人相、表情）が重要だと私は思っています。今、勤めている会社にしても、リストラだ、賃金カットだ、などと、明日はどうなるか分からないご時世ではありませんか。

それでも、先にあげた中であなたがどうしてもゆずれない条件があるとすれば、全てを否定するわけではありません。

ですが、それを最優先しての相手を決めたなら、例えば「相手がどのような状況になったとしても、人生を共にしたい」という今瞬間、彼への強い想い（愛）もあるかどうかが相手を決める大きなポイントと言えるでしょう。

今考えると、二〇代、三〇代の前半頃までの私もご多分にもれず、パートナーとしての理想像など、人様に話せるようなしっかりしたイメージを描くことなぞできなかったこと自体お恥ずかしい限りです。

今になって、つくづく思うのですが、恐いことに、人は心の中で「こんな人と出会いたい」と願えばそんな人と出会ってしまう。

実に不思議です。

思い出すと今でも背筋がゾッとします。

それは、私が若かりし頃、大学に行きたくても行けない時期があり、（高校卒業するころ家庭が貧しかったため）コンプレックスからきていたのか、高学歴の男性にあこがれる癖（？）がありました。そんな相手に自分を投影していた私でした。

哲学思考が際立っており、話が論理的にできる相手と思いっきり語り合える人生。

それが私の理想の相手像であり、二人の人生の絵柄でもありました。

思い通りに二〇代から三〇代に出会った男性は、二人ともそんな相手でした。

出会ったAさんは、年齢に比して弁のたつ男性で、哲学研究会のリーダー。

当時の私は、もっぱら彼の話の聴き役。

話のできる男は「すばらしい」とその一面だけを見てあこがれ、大きな錯覚をおこしていたのです。

むろん彼には立ちうちできない状態でした。

出会って数ヶ月後、彼は当時あまり受け応えのできない私にもの足りなさを感じ（私がそのように思ったのです。）

「私をバネにして生きてほしい」

と言葉を残し、私の前から姿を消しました。

次も似たような出会いでした。

その時は、相手にある程度、負けじのやりとりができる私になっていたのです。話をする間は悦状態の私がいました。

ですが、それを終え一人になると、何だかむなしさが残る自分もいました。

二人の会話は自己満足を得る会話のための会話であり、それが二人が生きるためにどれだけ地に足がついた話だったかというと、とても疑問だったのです。

その相手との別れのあと、数年後だと思います。

やっと気付いたのです。

「双方の会話で互いが触発しあえ、生きる勇気すら湧いてくることができ、成長しあえる。そんな相手に巡りあいたい」

と心から思えるようになったのです。

そのことにしっかり気付いたのは、四〇才にさしかかるころではなかったかと記憶しています。

何という遅さでしょう。

私は遅まきながらもそれを基準に理想の相手と、その相手との生き方を用紙に書くことにしました。

具体的にありのままはとても気恥ずかしいので、その時に書いたことを要所のみ簡単にあげておきます。

・対等に話ができる男性
・出会った相手は、私と同じくらいの価値観を持ち、感性のある年下の男性
（七才くらいが理想）

・二人が出会うことで、二人の世界は多面的な拡がりを増し、出会った周囲も幸せに巻き込んでいける人生と成る。

文章は、主に現在形や現在進行形で書きました。

私だけの幸せを望むのではなく、共に生きていくのなら周りも一緒に幸せになる結婚をしたいなぁ。

二人が出会うことで、何かまだきちんと掴めないけれど、社会の役に立つ生き方のできる人生にしたいなぁ。

などと、漠然とだけど、真剣に考えるようになり、そのようなこともつけ加えたのです。


おかげさまで（?）といったらこれまた気恥ずかしいのですが、ある程度予定通りの相手と出会えたと思っています。

年の差は七つ下ではなく、何と予想外の十六下ですが、1＋6は7だから数

字上はまあ、いいかなって思ったりしています。（笑）
出会ってしまったら七つ下も十六下もメンタル上、二人の間では全く何ら変わりないのですよ。本当です。

やはり、あなたがどのような人生を歩みたいか、そのためにどのような彼と出会いたいのか、日頃から真摯にイメージしておくことはとても重要なのです。

と強調しておきたいと思います。

ワンポイントアドバイス

・理想の相手を描くなら周りも幸せに巻き込める相手を！

・理想の相手を描くならその理想の彼にふさわしいあなたになっていること

5 まず、心身が健康であること

結婚前から、二人のうちどちらかの心身に問題がある場合、それを互いが理解しあっているか否かで二人の仲は、その後予想もつかない結果を招くことがあります。

交際中に、どんなに好きで会っていても、数時間後は各々一人の生活に戻ります。

それが結婚すると、日々長い時間を共有する現実となるのです。

妻の体が弱いと、夫は朝食も食べず仕事に出かけ、帰宅時に買い物したり、ともするとと妻の分の食事も作ることになるやもしれません。

それだけでなく、炊事、洗濯、掃除と無限に出てくる家事を、夫は一人でやらなくてはならない辛い現実が待ちかまえているかも……。


無論、逆の立場だって考えられます。

夫が病弱ならば、それに代わり妻は家の大黒柱になり、経済を支えねばならなくなります。

そんな場合、結婚前に互いが各々の体の状態を納得しており、それをも覚悟の上で一緒になるのであれば途中どんなに辛くとも深いところで理解しあっていけることで、少々のことは乗り越えていけるかもしれません。

ところが、二人の愛が十分に育ちあわないうちに結婚を早まると、次のような悲劇すら招くことになります。


ある男女は、見合いの後意気投合し、わずか六ヶ月の交際でゴールイン。

二人は、夫の仕事の関係で東京に新居をかまえました。

結婚後一年経過したところでしょうか、夫のいない昼間、妻であるA子さんは一人も友人のいない東京暮らしの淋しさに耐えられなくなりウツ状態が発症し、フラリと一人で実家のある福岡へ舞い戻ってきたのです。

東京にいる夫は慌てて妻を捜しました。

一旦は、東京に戻ったA子さんは、それ以降何度となく夫に黙ったまま、彼女の実家へ戻ったり夫のいる東京へ帰ったりのくり返し。

実はA子さんには独身時代から、ソウとウツの状態がひんぱんにあり、病院通いのまま彼とお見合いをしてしまったのです。

ですが、相手（彼）から嫌われるのでは、と思いそのことは内緒のままお見合いから結婚へと進んでしまったのでした。

今回、そのことを初めて知った夫は激怒したのです。

「結婚したのは、詐欺だ！」

といわんばかりの剣幕です。

Ａ子さんとその両親は、それについて詫びたようですが、双方とも売り言葉に買い言葉で、トラブルは徐々にエスカレートしていきました。

溝は深まる一方。

もとはと言えば、Ａ子さんがソウウツ病のさなかに、彼には通院していることを隠したままお見合いをしたという事実が相手にとっては言語道断ということなのです。

二人の交際中に、彼女は彼に正直に話すべきでした。

そんな症状をもつＡ子さんでも、受け入れることのできる彼がいて初めて結婚は成立するのです。

「結婚してしまえば何とかなるさ」は甘すぎます。

結婚してからが、二人の本格的な夫婦の磨き合いが始まるのですから……。

弱い心身を一掃し、何ごとにもゆるぎない自らに鍛えることが、幸せな結婚をするための大前提と言えるかもしれません。

願わくば、相手と出会う前に頑丈なあなたになっていただきたいものですね。

ワンポイントアドバイス

・自分の幸せだけを考えた結婚は、幸せになれない

・健康であることは、結婚の一つの条件でもある

6 出会いのチャンスは数多く持つ

「私、彼氏いない歴三五年なんです」

とニコニコしながらRさん（35才）が言いました。

そのあとに、

「最近、どうしたら彼氏と出会えるか真剣なんです」

と表情が変わります。

彼女はとても真面目で前向きな女性です。

基本的に、人の恋愛時期などというのは人それぞれであり、その人に必要な時期に訪れるものと思います。

しかし、一日も早く出会いたいのであれば、受身ではなく自らも積極的にいろんなところへ動くことも大事です。

Rさんの話を聴くと、普段は自宅と職場の往復がほとんど。ショッピングや映画に行く時は女友達と、など異性と出会うための行動範囲の狭さを感じます。

彼女の場合、もっと人との出会いの場を拡げていいのでは？　と思います。

「三〇過ぎてから二〇代の若い人たちのたくさんいる中に出るのは恥ずかしいんです」

と言う彼女ですが、そんなことはありません。

年齢に関係なく、自分が行きたいと思うところがあれば、どんどん足を運んだほうがいいのです。

自慢じゃないですが、随分前に私はちょうど四〇才の時、コンパみたいなお

見合いに参加しましたが、私以外の女性参加者は、二〇代後半から三〇代で私が最も長老でしたよ。（笑）

人は、常識や既成概念で心にブレーキをかけてしまいがちですが、それはとても損な生き方と言えます。

みすみす、チャンスを逃がしてしまうこともあるからです。

あなたが、もし年下の彼と出会いたいのなら、なおさらのこと、もっと若々しくアクティブでないと、若い彼にみそめられるチャンスすら逃がしてしまうことになります。

すでに、「相手より年が上」というハンディがあるのですから、少なくとも彼と同じくらいのパッション（情熱）や行動の敏しょう性は持っていた方がいいですね。

それに、あなたが行きたくてワクワクするところには、何かのきっかけやチャンスがあるかもしれません。

おしゃれして出かけましょう。
チャンスは自ら掴むものですから。

ワンポイントアドバイス

・「思う」が先！　頭でブレーキをかけぬこと
・足を一歩踏み出すことは、人生が進み出した証拠

7 あなたの適齢期は？

生き方が多様化した現代でも「結婚適齢期」にとてもこだわる人が、まだまだいることは事実です。

特に、いつの世も、自分の周辺が次々に結婚していくと、焦りや、とり残されたような不安がでてくるのも分からないではないと言えます。

実は、そんな時が危険なんですよね。

心が弱いと、つい「私も早く見合い結婚でもするかぁ」と追随型結婚をしたくなるものです。

あくまでも「人は人」「自分は自分」と割り切り、客観的に自分を観ることのできる冷静さが欲しいものです。

結婚を前にした友人の幸せな姿を見ると、一人である今の自分がとてもみじめな状態に思え、友人との不必要な比較をする人がいます。

単に、それは、結婚するのがたまたま友人が早いのであって、自分はあとだということ。

それだけ独身生活を満喫する期間が、あなたの方が友人よりちょっと長いということなのです。

その分、ステキに自分を磨く時間が長くなるのです。

ものごとは考えようです。「人の幸せ」を見て、自分を卑下することほどナンセンスなことはありません。

あなたに何かやりたいことがあり、目標に向かっていれば、輝くあなたに成ることができ、そんなあなたに相応の人に会える時があるはずです。

あなたの人生でイキイキしている、そんなあなたと彼とが出会える「時」。

その「時」があなたの本来の適齢期です。

決して、人の結婚をうらやましがっての追随型見合い結婚は、いい結果を生むはずがありません。

お見合いがよくないといっているのではありません。

友人にとり残されたからという、後ろ向きな心の状態で人生の転換期を迎えようとしても、それはムリということなのです。きちんと自分の位置で生き方をみつめ、主体的な気持ちでのお見合いならグッドと言えるのです。

決して焦らないで下さい。あなたの適齢期は、「前向きなあなた」の時に訪れるのです。

ワンポイントアドバイス

・結婚は、一緒になりたい相手に出会えて初めてできるもの

8

失恋後はエネルギーアップの期間を

大きな失恋や、長年交際していた彼との別れのあとは、心の中は空洞状態。人によっては砂漠の真ん中にとり残されたような虚無感すらあるものです。そんな悲しさや、淋しさの中で、すぐ次なる相手を探したりお見合いをするのは、これまた危険きわまりないこと。

決して焦らないで、早まることなく、そんな時はジーッと今までの自分を客観視してみることが大事です。

まだ、それができないなら心がすっきりするまで、思いっきり泣いたっていいじゃないですか。

涙を流すとすっきりするものです。

今の気持ちと同調してくれる静かな音楽を聴いたり、自分と同じような体験を乗り越えた内容の本を読んだり……。

今のあなたを、まず冷静に癒してあげることが先決です。

あとは、「時」という強い味方が、あなたを失恋の痛手から少しずつ遠ざけてもくれます。

決して慌てないで下さい。その間、あなたが興味を抱けるものや打ち込めるものを探すことです。それに出会い、前を向き始めるあなたになることで徐々にエネルギーが高まってくるはずです。

平行して楽しいこともやりましょう。

おしゃれをすること、映画やビデオを観ること、心地よくなるところへ出かけること。

そのように、あなたが高まることに投資しましょう。お金はこんな時に使うと活かされるものです。

今の期間は、悲しみのあなたから生活を楽しめるあなたに戻すことが重要でもあるのです。

実は、随分昔ですが、この私にもにがい体験があるから言えることでもあるのです。

大きな失恋をした時、あまりの辛さに、飲めもしないビールをがぶ飲みして、全身ジンマシンだらけに……。まるで、フランケンシュタイン状態。とうてい外出できる状態ではありませんでした。

二～三日は、一人っきりの部屋で泣いたり、寝ころんだり、本を読んだり、音楽を聴いたりしながら、ただひたすら、心の回復を待つ時があったことを思い出します。

そのうち、徐々に痛みのひどい傷を癒すように、自分をいたわりながら立ち上がっていきました。

本当に不思議なものですが、時間の経過は痛んだ体の漢方薬みたいなものですよ。ひどい痛みも、いつかは全治するのですから、あなたのその時を待ちましょう。

そして、「もう、一人でも大丈夫！」となったら次なる出会いを求めます。

彼と別れたあと、悲しみのあなたをエネルギーアップさせた自分への、ごほうびのアクションへのスタートです。

とにもかくにも、パートナーとの出会いは、ワクワクしながら探した方が断然有利です。

淋しさから逃避するためや、元彼の代わりにお見合いなんてもってのほか。

そんなひ弱なあなたでは、ステキな彼と出会うはずがありません。

もっとブラッシュアップした輝くあなたじゃないと、それなりの男性との出会いはないと言えます。
何度も言うように、出会う相手は、その時のあなたの合わせ鏡なのですから。

ワンポイントアドバイス

・失恋の直後は、自分を見直すベスト期間
・次なる出会いのために心身の洗濯を
　心……ポジティブ思考への転換
　身……健康状態のチェック

9
「きれい」だけではダメな理由《わけ》

Nさん（32才）は、目鼻立ちが整い、女優にもなれそうな端正な顔をしているので、街中を歩けば、すぐにでも男性に声をかけられそうな女性です。

そのNさんが、ポツリと語り始めました。

二年前に交際していた彼が離れていったとのこと。

ここしばらくは、女性の友人だけを作っていきたいもようです。

何故、彼が去って行ったのか、彼女は忌憚なく、その理由を話してくれました。

彼と話していると、話題が途切れて話すことがなくなってしまっていたらしいのです。彼はNさんと会うごとに、彼女のことが徐々につまらなくなっていったようです。

彼女の当時の生活スタイルを聞くと、そのことがうなずけます。

普段は友人と会うでもなく、遊びに行くのでもなく昼間の仕事を終えると、大概はすぐ帰宅します。人に会うのは、職場の人以外彼だけ。

彼女の行動パターンだと、人間関係はとても幅が狭く、生きている世界も夕イトなために話題にもこと欠く状態です。

せいぜい、テレビの番組の話くらい。

少しでも前向きな男性なら、飽きが来るのは当然です。

要は、彼女は彼との交際中、相手のことしか見ていなかったのです。それに、喜怒哀楽に乏しく、まるでお人形さんが前に居るかのような錯覚すらおこしかねない雰囲気です。

どんなにきれいな女性であっても、言葉のやりとりが出来ないと、相手はフラストレーションをおこしつまらなくなってきます。

マネキン人形ではないわけですから。人は、接していてイキイキとした息吹が欲しいのです。会話のキャッチボールを楽しみたいのです。

きれいな女性の中には、前向きに生きることの努力をしない人がいるようです。「きれい」というだけで満足してしまうのかもしれません。


そのことにやっと気付いたN子さんです。

まわりから「きれいな人」といわれ続けることに、いつの間にかあぐらをかき、自分を磨いていない怠慢さに気付かない彼女がいたのです。

N子さんは話しているうちに、自分でいろんなことに気付き始めました。

実は、「気付く」ということが、とても大事なんですよね。


まずは、表情がとても乏しいということ。

無表情に近いN子さんにニコッと笑顔になってもらいました。

私はハッとしました。瞬間の笑顔で、彼女の雰囲気がガラッと変わったことに驚いたのです。更にN子さんがステキに見えるではありませんか。

彼女と話していると彼女自身ダンスが好きなことも分かりました。

早速、習うことを決めました。

長い間、連絡をとりあっていなかった友人とも会いたくなってきています。何よりも、今までの住居から引越し、これからの習い事や、友人に会いやすい地域に住まいを移す決意をしたことは大きな進展です。

人は何かをきっかけに変化し始めるのです。

こんな言葉があります。

意識が変われば、行動が変わる。

行動が変われば、習慣が変わる。

習慣が変われば、人格が変わる。
人格が変われば、人生が変わる。

これは、以前私が仕事で知り合った方が、お会いするたびによくいっておられた言葉です。この言葉の、もともとの発信者はどなたかわかりませんが、いろいろなところでよく耳にする言葉でもありますよね。

意識が変わるにも、何か気付きのきっかけがないと、なかなか変わり難いもの。そのために、人と会って話をしたり、本を読んだり、方法は見つけようと努めると、いくらでも見つかるものです。それまでの意識を変えることで、結果として、人生に良い結果をもたらすことになっていきます。

N子さんはそれから少しずつ動きだしたようです。

変わりたい彼女は、真剣に生活パターンを変化させることを考え出していきます。

鏡を前にして、表情（笑顔）の訓練も開始したもよう。

次回、会うときの彼女はどんな女性になっているか、何だかこちらまでウキウキしてきます。

「きれい」だけでは満足しない彼女は、更に女性としての魅力を身につけることでしょう。

ワンポイントアドバイス

・きれいであろうとする心がけは大事
・でも、それ以上に心がエネルギッシュであることが男性を魅了する

10

「自分を磨く」ってどんなこと？

ダイヤモンドも原石を磨かなければ、あのようにきらめくことがないのは誰もが周知の事実です。それと同じように、人間だってブラッシュアップしていない人はあまり魅力を感じえないものです。

そこで、「私がもっと輝くためには何をしたらいいの？」と首をひねる人もいるかもしれませんね。

ステキな彼殿にみそめられるためには、それなりの光を放つ自分になりたいと思うのは、ごく自然なことでしょう。

でも、それは物理的にダイヤモンドの原石を磨くよりも難しく、時間のかかることだと思います。なぜなら、あなたの外側は服装やメイクやヘアスタイルでつけ焼刃的に変化できても、中身は、一日にして輝きを増すものではないからです。

中でも、ものごとを「考える力」は、長い間、あなたの生きてきたプロセスで培われるものと言えますからね。

でも、諦めないで。

今からでも努力することに越したことはないからです。

では、それら、**あなたの中側の磨き方**について主なものをあげてみましょう。

❶ あなたの思考磨き

生きる姿勢が凛とした雰囲気の女性は、自分のきちんとした考えを持ち、それを表現できます。自分なりにはっきり意見が言えます。

それには、常日頃からいろんなことに問題意識を持ったり、考える力を身につける必要があります。

そこで、そのためにあなたはどのようなことを行えばいいのか参考までにあげておきたいと思います。

・日頃、職場の人だけでなく、いろんな人と出会い視野を拡める。
・良書を読んだり、友人と語り合うことで互いに触発しあう時間を持つ。その場合テレビや趣味の話のみならず「生き方」について話が出来るとグッド。
・新聞や機関誌にも目を通し、世の中の流れを掴む。
・ものごとに興味を持つ。
・仕事以外に打ち込めるものを持つ（趣味でもＯＫ）
・一人でも豊かに過ごせる時間を持つ。
・時には、今の自分はこれでいいのか立ち止まって考える（走ってばかりでは今の自分が見えなくなることがあるので……)

・辛い問題から逃げないで、おきた問題を解決する力を養う。

・友達の悩みを聴いてあげたり、必要であれば共に考える。

・ものごとを常に前向きに考える。

・目標を何か持つ(これを持っている人はグーンと輝き度が違って見えますね。前進するオーラを放っているように見えます。目標達成するために動きながら考えていますから)

などがあります。この他にも自分なりに見つけられるといいですね。

2 あなたのハート磨き

・人を温かく包む優しさを持つ

女性には母性があります。甘えん坊で淋しがり屋の男性を温かく包む優しさは、とても相手をリラックスさせ、安堵感を与えます。

このような温かさを女性が持つことは仕事が多忙な男性が多すぎる現代において、とても重要な要素だと思います。

・人を許す心を持つ

人を絶対に許さない、と言う人がいますが、その奥深いところを探っていくと意外に自分の方にも非があったりするものです。単に、それに気付かないだけなのです。

・感謝の気持ちを持つ

心から相手にその思いを持つことで、不思議に相手もあなたに感謝しているものです。男性は、案外はにかみ屋なので普段はなかなか言葉に出して言えないのです。「ありがとう」をあなたから口グセのようにいっていれば、それは彼に伝染します。本当ですよ。

これもあなたとの「合わせ鏡」です。ハート磨きの種類も、徐々に増やしていくといいですね。あなたに磨く内容が増えれば増えるほど、あなたの輝き度は増してくるはずです。

むろん、実践しての結果ですが……。そんな日々の中で、

「キラキラしてるね」

って誰かにいわれたら、しめたもの。

光るあなたを相応の彼が見落とすはずがありません。

ワンポイントアドバイス

・「何のために自分を磨くか?」が要
・自分を磨くことに終わりはなし

11

失恋を恐れてはいい恋愛はできない

〜失恋中のあなたへ〜

一度、失恋をすると立ち上がれないほど落ち込む人がいます。

悲劇のヒロインになり、

「私はもう恋をする資格がないのではないか」

とすら思うようです。

とても好きだった相手ほど別れの痛手は大きいと言えます。それは初めて恋をした女性や、とても人のいい女性に多いものです。

失恋は誰だって滅入りますが、人それぞれで程度は異なりますね。でも、「どんな失恋したって大丈夫！」といっておきましょう。

今、失恋直後のあなたには、「元気を出して」とは言いませんが、そのうちに徐々に普段のあなたに戻ることを確信をもっていっておきましょう。

今だから、こんなことを言える私ですが、私だってその時は、死ぬほど辛かったし、この世から消えてしまいたいくらいの時もありましたよ。

でも、でも、今、こんなに明るく生きてるんですから。

すべては、少しずつ過去になっていくんです。

彼との交際期間がどれくらいだったのか、あるいはあなたの性格などにもよりますが、いつしか必ずあなたの心の穴は埋められていくのです。

失恋時の別れ方しだいでは、心に受けた傷も深く、それが癒えるには相当な時間がかかるやもしれません。それに、恐れや不安で、もう二度と恋なんてしたくない！　と思うかも……。

でも焦らないで下さい。

大ケガをして傷が深いほど、それを治す期間が必要ですが必ずそれは治るのです。人は気力で早く治すこともできるし、自然治癒力だってあるのです。

治療期間は、失恋した自分を労いながら内省し、客観的に見つめることも必要です。恋を失いつつあったプロセスでの自分の至らなかったところや不足していた面も見えてくるはずです。

ところで、「別れ」は、双方同時に同じ気持ちになるということは滅多にないのでやっかいでもあります。交際中、どちらかに「別れたい」原因が生じてくるわけですからね。

例えば、双方の考えに大きな食い違いが出てきたり、価値観の違いすぎがもとで修復できないほどのぶつかりが出てくるなど……。

あるいは、相手に好きな人ができたり、ほんの些細なことの積み重ねが原因かもしれません。

そんな蓄積の結果、あなたのことを嫌いになった相手に対し、

「私のどこが悪いの？　言って！」

と責めても、もう遅いのです。何の意味もありません。

その時は、もうあなたの非を改めたり、良し悪しの次元ではないのです。彼の「嫌」という感情は、もとに戻らないことを大人の女性は知る必要があります。

自分が苦しいと、一方的に相手だけを責めがちですが、相手からの「別れ」宣告の場合は、少なからずあなた自身にも何らかの原因があったはずです。

辛いけれど、それを探し、認めなければなりません。

そんな男性を、好きになったあなたがいたわけですから。

言うなれば、今までの自分はこれからの恋の反面教師でもあります。**たくさんの改めや発見があれば「大失恋」さえグッドです。**

たまたま出会って別れた相手に「感謝」して別れたいもの。（今、感謝できないのなら、時を経てからでもいいと思います）

今回の恋も、あくまでもあなたの人生の一ページにすぎません。次なる恋愛のための予備訓練でもあります。

今回の失恋で、次の彼との出会いを諦めるなんて愚の骨頂。

決してめげないで、これをバネにもっと強いあなたになってほしいと思います。

ワンポイントアドバイス

・失恋は「心のきつい病」そのもの

・別れさえ、すべては意味ある一過程

12
何に投資するかで出会いが決まる

お金の使い方は全く自由です。

自由に使えるお金だからこそ、実は主に何に投資するかで近未来のあなたが作られることを知る必要があるんですね。今日という日までお金をどのようなことに使ってきたかで、今のあなたが分かるということも言えます。

単に服や靴や化粧など自分の欲しい物を買うためや、ほとんどを遊びに投じてきた人は、それだけのあなたしか今いないはずです。

かたや、今日まで夢や目標に向かって、せっせと自分磨きのために投じてきたあなたであれば、必ずその結果はポツポツと表れてきます。

お金をいかに使うかは、普段から「私はどのように生きたい」かを、しっかり見極めておくと、それは自然と出てくるものです。

何だか難しいように聴こえるかもしれませんが、そんなことはありません。単に生きたい道（夢や目標をめざすこと）をあらかじめ決めると、それに向かうための経費が当然必要となってくるものです。

その必要経費の投資どころが、実はいつの間にかあなたをブラッシュアップする因を作ることになるわけです。

しっかりした男性は、自らのきちんとした生き方を持った女性と出会いたいと思うもの。

自己投資で自分磨きをした女性はそれとなく光るものがあり、相手はそれを敏感に感じ取ります。二人の会話の中でも、それは当然話題として出てくるでしょうから。

その日を楽しく過ごせればそれでいいといった刹那的な生き方の男性は、それなりの相手の見方しかできません。そのような相手でオーケイならば、あなたも目先の楽しさのみを追う生活でもいいのかもしれません。

お金の使い方は、異性との出会いすら決めてしまいます。

ワンポイントアドバイス

・お金はあなたの価値を高める道具でもあり、使途を誤れば、単なる欲望の手段となる

13

子供は欲しいが夫は要らない？

「子供は欲しいけど、夫は欲しくない」

「結婚してもいいけれど、多分夫より断然子供の方がかわいくなるかも」

と、言う女性が増えてきています。つい、先だっても仕事先で出会った女性と話をしていると、とてもそのような思いがあるとか。驚いてしまいました。


だけど、です。

子供は一生かわいがり、手もとに置いておくペットではないことぐらいお分かりでしょう。成人すれば巣立ちます。いえ、その前に、他地域への進学や就職のために家を出て行く若者もいるわけです。

子供だけを望む女性に限って
「お母さんを一人残して出ていくの？」
「お母さんの気に入らない人と結婚して幸せになれる？」
などと一人よがりの言葉が聞こえてきそうです。

やはり、人は愛する人と出会い、豊かな人生を生きたいと思うのが自然ではないでしょうか。子供は単にかわいがる存在ではなく、一時期共に育ちあう、年の異なる共同体なのかもしれません。

そして、ある時期になると、互いが離れ、自立していくのです。「子供だけ欲しい」というのは、ある意味、子供という存在に依存する自己中心的な生き方に思えてなりません。

夫婦が共に子を育てている途上において、二人に別れが生じ、一人で育てることになった場合の母子のみの生活はやむを得ないと言えます。

それでも、いずれは離ればなれになるわけです。


それが、最初から、子供を産むために相手との出会いを求めるなどというのは、言語道断といわざるを得ません。人間は種馬とは違うのですから。

父親と母親が、互いを愛しみあい協調しあう生活の中で、子供はその様子を五感で感じ取り、愛情の貴重さを学んでいくのではないでしょうか。


私の幼い頃、父は腰の大手術をし母は病弱だったため、とても貧しい家庭でした。

一時期（私の小学校低学年の頃）私の家の炊事場に水道がついていなかったことがあります。（ちょっと古すぎる話でごめんなさい）近くの水道から、ヨイショ、ヨイショと水を汲んできた父親が、それを自家製の簡易風呂で沸かしてくれていたことを思い出します。

手洗いでの洗濯や炊事もしてくれました。

その様子をかたわらで横たわりながら、すまなさそうにジッと見ていた母の様子も浮かびます。今思えば両親の人生も途中いろいろありましたが、父は母を本当は愛していたと思います。もちろん母も。子供心に、それをとても感じた瞬間がありました。


ケンカをしても、迷惑をかけあっても、男と女が夫婦で人生を過ごせるってとても言葉で表せない味わいがあります。

「子供だけ欲しい！」

ではなく、愛する夫と共に子供を望み、両親の愛し合う姿を子供たちに伝えていけるあなたであってほしいと切に思うものです。

ワンポイントアドバイス

・子だけへのしがみつきは、双方の自律を阻むもと

・夫を愛することで、大人の女性が開花する

14
外見が全てではない、されど外見は大事

ひところ、テレビのＣＭで、

「きれいなお姉さん、好きですか？」

などという言葉を耳にしていましたが、やはり年下の男性にとって、「きれいなお姉さん」は、あこがれなのでしょう。


一般的に、人は相手のまずどこに気（目）が行くかを問うと、間違いなくその人の「考え方」や「性格」ではなく、「外側」なんですね。その人の外側から何かを感じ、接近し、それから徐々に考え方、性格へと入っていくわけです。

そこで、その外側をあなたは、どのように見せようとしているか、ということになります。

二〇代のあなたであれば、ノーメイクに近い状態でも、まだオーケイかもしれません。プリプリのお肌とツヤのあるサラサラヘアはそのままで「若さ」の魅力です。あるいは、スニーカーでジーンズやミニスカートでも十分フレッシュにファッショナブルに目に映ります。

しかし、あなたが四〇代以上ならば、そして、もしも年下の相手との巡りあいを望むのであれば、外出の際はいつの瞬間も、それなりの緊張感ある装いに気を注ぐことが必要だと思います。

ご近所のスーパーまでだから、このくらい大丈夫！　と、気を抜かないこと。いつ、誰と会うか分かりません。ひょんなことで、出会いがあるかも。

どこにいても、あなた一人の時以外は、「こんなふうに見られたい私」でいたほうがいいのです。

〝突然の出会い〟でも大丈夫な身なりで、こんな話があります。

知り合いの妹さんが、車で帰宅途中、自宅近くまで来たところでエンジンの調子がおかしくなり、困っているところに、ちょうど通りかかった男性が車の状態を見てくれたのです。それが縁で交際が始まり、結婚した、という実にドラマチックなケースです。

その女性とは、幾度かお会いしたことがありますが、楚楚《そそ》とした中に、おしゃれ感の漂う女性です。きっと彼女は、車に乗っていても、それなりのおしゃれを心がけていたに違いないのでは……と、想像してしまいました。

マイカー通勤だと「服装まで見えないから」と、つい手抜きをしがちかも。あるいは、「バイクだから、あっという間に家に着いちゃうし、面倒だわ」こう思ったら、危険信号です。

そんなにきちんとした完ぺき服装でなくても、あなたをさりげなくステキに見せてくれる服装は、日頃から研究しておく必要があると思います。あるいは、最小限のメイクにヘアスタイルも……。

◉「きれい」に見せる欲求、緊張感、手間ヒマ

ちなみに、私が四三才で夫と出会った当時、印象はどうだったか、夫自身にたずねてみました。

出会った頃、ほとんど仕事終了後の時間に会っていたせいか、

「カラフル（ブルーやベージュ）なスーツ（体が小さいので黒や紺は着ませんでした）で、いつもきちんとした身だしなみに、香り（フレグランス）がちょっぴり心地よかったよ……」

とか。（手前味噌でごめんなさい）

それと、私が実際の年齢より下に見えたことはラッキーでした。特別、彼のためだけに気を配っていたわけではないのですが、やはり仕事をする独身女性であるという意識は常に持った上で、おしゃれ心を失わないよう努めていました。

そんな自分だと、何より本人である私自身が心地よかったのです。

それこそ、当時はマニキュアも欠かさず、少し細めのヒールにひざギリギリのタイトスカートといういでたちが大好きでした。何せ、身の丈が高からず高からずなので、既製の洋服がどうもしっくりこず、少しでも大きく背を高く見せる工夫をしていたように思います。

それに、動きも、身につける服装で決まるので不思議です。タイトスカートやヒールの靴ならば、歩き方もそれなりに女性らしい雰囲気になりますが、パンツスタイルだと、どうしても男性のような闊達な動作になりがちです。

常にパンツスタイルの女性は、時にはスカートにいつもよりわずか高めのヒールで歩いてみると、あなたの女性らしさを再発見できるかもしれません。

五〇近くになると、徐々に女性ホルモンの減少のため、ちょっと気を抜くと、女性らしさが益々なくなってきます。これって本当です。恐いですよ。

男性は、いつの世も相手に自分にない女性らしさを求めているので、そのことは決して忘れてはならないと思います。

芸能界でも五〇才を過ぎた小泉今日子さんや天海祐希さん、六〇才は過ぎている大地真央さん、歌手の高橋真梨子さんは、女っぽさを欠かしません。むしろ、年齢を重ねるごとに、強く生きてきたことの自信と、今を生きる緊張感で、女性としての美を輝かせています。

いずれも、本人そのものが商品である特殊な世界にいる方々なので、彼女たちと肩を並べることはできませんが、お手本としての存在だと見ると、とてもいい刺激になりますよね。

その人の「きれいさ」は、何も顔の作りの美醜のみならず、**「まわりから、きれいに見られたい」という欲求や、日頃の緊張感が、その人をおのずと「きれい」に見せる**のではないかと思います。

それに、時には手入れの面倒も生じるかもしれません。

しかし、そのような手間ヒマをかけることも、彼との出会いを望むのならば、決してムダではないはずなのです。

ワンポイントアドバイス

・今、瞬間の身なりが大事
・出会いは突然やってくる

15

あなたが眩しく見える時

人は最も自分がかわいいもの。

何はさておいても自分のことが先決、自分さえよければという人生を送っている人が多い世の中です。

そんな中、人を思いやることであなたの心や魂は磨かれ、あなたの存在がひときわ光る。そんな方法をひとつ紹介しておきましょう。

それはSさんの姿に見ることができます。

彼女は出会って三年くらいになるNさんとの仲のいい友人。最近失恋をしたNさんは、少しソウウツぎみです。家族との接点が薄いそんな彼女を思いやり、Sさんは時間をみつけてはNさんと時を共にします。何とか彼女に立ち直ってほしい思いで、Nさんの心を癒す音楽を探したり、話を聴いたり、良書を見つけては渡しました。

おかげでNさんは見事に立ち直り、イキイキと生活するようになったのです。Nさんは Sさんに心からの感謝で、更に二人の絆は強まったのです。

Sさんは Nさんを支え、相手の立ち直りの手助けをし、ひとまわり人として大きくなりました。

Nさんは Sさんに勇気づけられ、人の温かさをいっそう強く知りました。

いいですね、こんな友情。

二人共、この体験を通し、人間としての繋がりの重要性を学んだのです。特に、人としての魅力が倍増したSさんです。

Sさんは仕事も多忙な中、ソウウツぎみのNさんから決して逃げることなく、彼女の力強い支えとなりました。だからこそNさんは立ち直ることができたのです。こんなプロセスが（Sさんのような）人として力をつけ、存在を光らせていくことになるのです。

全てから逃げないこと、助けあうこと、乗り越えること、まさに貴重な体験です。

彼と出会ったプロセスで、こんな体験はきっと役に立つはずです。

悩みの中身は異なれど、同性の友人を助けられるあなたであれば、彼の力強い支えにもなることができることは間違いありません。

そんなあなたは、彼の目にもいっそう眩しく映るはずです。

ワンポイントアドバイス

・人のために何かをしている時は、あなたの光る瞬間がある
・友の悩みで身につく、人としての学び

16 再度チェック！あなたの外見

一般的に、えてして女性は好きな服、自分に似合いそうな服を選んで着がちですが、実はそれのみならず、シーン別の着まわしも、とても大事なんですね。

中には、自分をうまく表現するために、その状況に応じた服装なり、身だしなみが実にうまい女性もいます。

そんな人は、出かける場所や出会う人にあわせるなど、目的によってメリハリのある外見作りに知恵を持っています。

結果的に、それは自分にとって有益になるんですよね。

素の自分を見せたいからなどといって、三〇才過ぎなのに、すっぴん状態や、普段着に毛のはえたくらいのものを着て、初対面の方にお会いするなんて、とんでもないこと。墓穴を掘るようなものです。

あなたを今日まで全く知らない人のあなたの瞬時の判断基準は、何度もいいますが、まずは目に入るあなたの全体像。服装であり、ヘアスタイルであり、メイクの仕方など……。あなたの性格や考え方などは、相手と時間をかけて話をしないと分からない部分です。

かといって、相手を意識しすぎて自分らしくない過剰なおしゃれは、異和感を感じさせてしまいます。

最も自らを自然体で、きれいに見せてくれるシーン別のカラーやマイスタイルなど普段から大いに研究する必要もあると思います。それには、身近であなたをよく知る第三者の意見をとり入れたり、鏡で全身を映し自らの観察をするなど、あなたのセールスポイントやウィークポイントを把握しておくことも大切だと思います。
それは、とりもなおさずあなたの価値観や生きる上でのアイデンティティーを、大切な誰かに表すてっとり早い手段でもあり得ると言えるでしょう。せっかく、出会った瞬間、相手に本来のあなたを見落とされないためにも外見の研究を是非おすすめしたいと思います。

ワンポイントアドバイス

・あなたの外見をあなどってはいけない
・まず人は外見から入る

17

妥協と気弱は失敗のもと

「四〇才になったけど、まだ一人なのよ」
と、気弱に話すあなたではありませんか?

世は晩婚化時代といい、結婚年齢も年々高くなってきています。男性と、どうどうと肩を並べて仕事をする女性も多くなり、つい、タイミングを逃してしまったとか。つい、ほとんどの生活の時間が職場のため、男性と出会うチャンスもないなどいろいろな理由があると思います。

「結婚なんて面倒だわ、一人の生活が気楽だし！」

という人は別として、まだ十分、結婚願望のある方は少なくありません。

そんな人は、決して諦めないでほしいですね。だけど、結婚は単なるあこがれや、「まっ、結婚でもするか」などという逃げ場にはしてほしくないと思います。

職場が第一ラウンドなら、結婚は人生の第二ラウンドってところでしょうか。

それからが、あなたの人生の更なるひのき舞台となるわけですから。


私は四三才で夫と出会い、四七才で結婚しました。

夫は、何と（？） 十六才年下です。

などといっても、私や夫にとっては、年の差を意識するのは、二人とも早足で歩く場合や自転車を二人して走らせる時くらいで（勿論、私の方が遅いので……これは体力の差でやむを得ません） 他に支障は滅多に感じません。

差を感じすぎると結婚まではいかなかったでしょう。結婚して二〇年が過ぎましたが、おかげさまで今も安泰に二人の関係は続いています。信頼関係は以前にも増して強くなったような気がします。

私のシングル時代の話を少ししますと、三〇代は超多忙で私の方が妻（主夫）が必要なくらいでしたが、やはり人生を共に生きるパートナーは欲しいなぁと常日頃思っていたのです。

仕事関係で接するのは、ほとんどが男性ですが、これまた不思議なことに、なかなかうまい出会いはなかったですね。日頃から心配してくれていた友人が、お見合いパーティーに行くことを企み参加したものの、ここでもさっぱり……。

縁がない時はないものです。

「まぁいいわ、いつかは出会えるだろうし」

と、思っていた矢先にパッタリ出会ったのです。

その時思ったのが、一生懸命キョロキョロやっているときに限って出会わなくて、その気持ちをどこかにキープしておいて何かに夢中になっていると会えるんだってことでしょうか。

物をなくして懸命に捜しているときは、焦りがあってイライラしたりそんな自分を情けなく思ったりすることがあります。過去に恥ずかしながら、私もそれに似た状況の時もあったような気がします。

出会いたい出会いたいと思いつつも、出会わなければ出会いのない自分に苛立ちや不安が生じるからなおさら出会えないようになり、まさに心の悪循環とはこのことです。

もし、そんな時に出会ってしまうと相手を観る眼もゆるみがち。

「まっいいか、せっかく出会ったんだから」と、妥協してしまっては危険です。

心には、ゆとりを持って出会いのチャンスを作るほうが相手をしっかり観ることができるのです。

それに、今の自分の気持ちに正直になることでしょうか。

ありのままの気持ちで周囲にも、

「私、結婚したいのよ」

「パートナーと出会いたいと思っているわ」

と、言った方が素直なあなたを感じます。


言葉には、すごい力があります。

「私は年齢的にもムリだし」とか、「誰もふり向かないわ」などと、決して後ろ向きの言葉は言わないこと。つい、言ってしまったら取り消します！　そうしないと言葉で人生は動きますから。

とにもかくにも、あなたの本来の気持ちに正直に楽しみながら出会いを続けることをおすすめします。

ワンポイントアドバイス

・出会った時がタイミング
・出会えない時こそ、エンジョイライフを！

第二章　交際中

1

夢を語る二人は生きる勇気が湧いてくる

今、世の中は目をそむけたくなることばかりです。

「こんな世の中に夢なんてもてないわ」「私たちには関係ないわ」という声も聞かれそうです。

いえいえ、このような現状だからこそ夢や希望は持ちたいものですね。目の前だけを見ているから重苦しくなるのです。未来はあなた自身が創るわけですから、その未来を映像化し見ていれば、そのために今何をすれば良いかが見えてきます。

今日、明日、あさってと地道にやっていくことで少しずつその積み重ねができ、その夢の実現へと向かっていくのです。夢というのはとてつもなく遠い存在で、手で掴めないように思えますが、夢だって現実化はするのです。
変な話ですが、私はまだ見ぬ夫との人生の夢を友人と語ることで、今の夫と出会ったんですよ。（笑）
夢は大いに語らないといけません。単なる夢ものがたりで終わらせるのではなく、現実化するためにも……。

今のあなたの仕事を、もっと極めるも良し、前からやりたかったことの実現をめざし、勉強しはじめるも良し、なのです。
やれないことは、決して「やりたい！」と思わないようになっています。やりたいことをやるために、ちゅうちょするその一歩をふみ出す勇気はいりますね。今、やりたいこと、めざすことが何もない人は、それを探せばいいんです。その場合は力まず必死でもなく、あくまでルンルンが基本です。

「友だちがやってるから、私もやらなくっちゃあ」ではなくて、あなたの本当にやりたいこと、好きなことを始めることが大事です。

そのようにして、夢に向かい始めた前向きな二人ならば、各々の夢が話題となり希望ある人生へと進もうとします。向かう道が、二人各々異なっているとしても、めざす根底の部分に共通な考え方があれば、話題としてこと欠かないはずです。

あなたがフラワーデザイナーをめざし、彼は調理士をめざすなら、二人は「人の目を楽しませる」アートの面で話が盛り上がりそうです。

あなたがワンランク上の美容師をめざし、彼が一級建築士をめざすなら、あなたは「更に人を美しくする」ために絶え間なく技術を磨くことや、彼は「より建物の美を追求しながらも快適な住まい作り」のための勉強をめざすなど、二人共、人に「快」を提供する仕事のためにクリエイティブな話題が尽きそうにありません。

あるいは、共に夢や希望を持ちながら、二人してならんで前を向いて生きているると、そのプロセスで必要な人たちとの出会いがあります。二人の世界は自然に膨らみを増し、様々な人との出会いや話題でより充実した、豊かな歩みをすることができるのです。

もしくは、二人から、

「私は今の職場の空気が重いから、ムードメーカーになろうと思うのよ。女性って太陽のような役割もあるでしょ」

とか

「僕の上司は部下に対する思いがないんだよね。新しく入る後輩がヤル気を出せる管理職をめざすよ。今の会社を変えるぐらいのエネルギー要るよね！」

などという会話が聞こえてくると嬉しいですね。

こんな二人には、有望な前途を感じます。

それが、いつもいつも向き合うだけで生きている二人なら、時には息苦しさを感じることさえありますからね。現状に甘んじ、互いに相手しか見えない狭い人生や画一的な話題だけでは、飽きや倦怠期も早いものです。

まさに**夢や目標は、二人の強力に生きるスパイスであり、潤滑油**ともいっておきましょう。

ワンポイントアドバイス

・魅力ある強い男は、共に夢を語りあう伴侶を求めている

2

「詫びの想い」を送る

あなたは、彼とケンカをしたあとどうしていますか？

たとえ自分に非がないと思ったことでも、ケンカ後は何ともあと味が悪いものですよね。

私の場合、夫とは遠距離交際だった時もあり、独身時代にケンカをすることは全くといっていいほどなかったんですが……。結婚して二～三年後から、互いのわがままも出始め、わずかながら言葉での「言い争い」が始まりました。

そのあとは、決まって心の中にもやもやが残り、夫の出勤後もなかなかすっきりする元の状態に戻れないものでした。

落ち着いてようく考えると、私にも非があることに気がつきます。

確かに夫に対する言い分はあるんだけれど「怒る私」にも問題があるわけです。ケンカ両成敗って言いますからね。（笑）

夫がどう出ようと、ケンカそのものを「私の問題」として捉えている私が、まず詫びることが先決だと気付きました。

でも、です。

夫の前でなかなか「ごめんなさい」と詫びることのできない、素直さに欠ける私がいるわけです。そこで、そんな時は「詫びと、双方の益々の和平を望む」精一杯のメッセージを、想い（想念）で夫に送ることにしています。真の心の状態（想い）は必ず相手に伝わるものです。

ほどなくすると、仕事中の夫から

「私も悪かったよ。また休日でもじっくり話し合おう」

なんていうメールが届くから実に不思議なものです。時には「想い」と共に、簡単な詫びメールを送ることもありますよ。時にはちょっと私がきつく言い過ぎたかな？　と思った場合は「年上過ぎの辛口でゴメンナサイ！」などと……でも、これで、もう元に戻っています。

仲直りが早いということは、普段から二人のコミュニケーションがなされていることも大きな前提だと思います。つまりは、双方の信頼関係ができていて始めて、ケンカをしても分かりあえる速度が早くなるということです。

信頼しあえる二人の間でのぶつかりあいは、根っ子の方には何も残らないものです。

その場の感情のぶつかりあいや、考えのくい違い程度です。

人間ならそんなことはあっても仕方のないことです。

時間がたち、冷静に話し合えば更に分かりあえるものです。

ケンカのたびに一層仲が良くなることだって、否めません。

べつに、ケンカを推奨しているわけではありませんが、**「言いあう」ことができるということも大事**ですからね。

双方が胸の中で不満を溜めこんでは、それこそその憤まんは、益々あなたの中でたまっていくばかり。それは満タン状態となり、いつ大爆発をおこすか分かりません。

口ゲンカは、互いの主張が強すぎる（わがままでもある）あまりに、相手のことを受け入れるキャパを喪失しているだけなんですから……。

時を経過すると、

「う〜ん、私も悪かった〜」

となるわけです。「雨降って、地固まる」とも言うではありませんか。時間をおいて、相手に詫びの想いを送ってみて下さい。今まで以上の深い絆のきっかけになるやもしれません。

一番いけないのは、ケンカのしっ放しです。
しかしながら、願わくば口ゲンカも年齢と共に、少しずつ自然と少なくなることが望ましいことですよね。

ワンポイントアドバイス

・根っ子で信じあっている二人なら、たまのケンカもよし！
・しかし、ケンカの後のフォローは長続きの秘訣

3

相手を湧かす会話術

女性はおしゃべりが大好きです。

特に、彼とつき合い始めて間もない頃だと、相手のことも知りたいけれど、私のことをたくさん知ってほしいとばかり、あれやこれやとしゃべりまくる人がいます。

相手が、あなた以上にあなたのことを好きな場合は、それでも構わないかもしれないけれど、自分のことは小出しにするのも奥ゆかしさを感じます。

自分のことは少しずつ、少しずつです。

何より、相手のことをさりげなく聞き出し、聴いてあげる。そのゆとり感に、彼はホッとするものを感じるはずです。「さすが。大人だなあ……」などと。

ずっとしゃべり続けるとうっとうしいなあ、というイメージを与えてしまい、損失ですものね。

結婚して一年も経とうものなら、仕事で疲れて帰宅した夫をつかまえて、「しゃべりまくり」の人も結構多いようです。

これでは、夫もうんざり。

職場で疲労困ぱいの上、家に帰ると更にぐったり。

いつしか、自分を癒してくれる女性に気が行ってしまうことだってありえます。

アメリカの俳優で有名なリチャード・ギアがシャル ウィ ダンス？撮影後に、「夫婦円満の秘訣は何か？」と聞かれて

「妻のグチをきいてやること」

と、答えたらしいのですが、日本の職場で、いやというほど揉まれて、帰宅

した世の夫族の中には、そういうリチャード・ギアのように寛大な男性はそう簡単にはいないものです。

ひところＫＹという頭文字の言葉が流行りました。

その場の空気をよめない人のことです。相手の様子を伺いながら、つまりは、**相手の空気を感じながら話を展開したり、聞いたりできる会話術も、二人の仲をスムーズにする**、賢い方法です。

疲れすぎている相手への話しかけには、その分量や内容の選択も大事です。

あるいは、ＴＰＯに応じて話すなどの思いやりも、あなたそのものが表れることになります。よもや、彼に「ＫＹな女性」と思われることがないように……。

男性は女性以上にナイーブなところがあります。

あなたが巧みな、会話のイニシアチブをとることで、彼を湧かしてみませんか。

ワンポイントアドバイス

・彼との会話はあなたが先導役
・聞いたり、話したりのバランス術を駆使すること

4

腐れ縁になっていないか？

交際して数年になるのに、彼からいっこうに結婚の話が出てこなかったり、彼がこれからの二人の人生のことをどのように考えているのか皆目分からないようなら、彼のことは、立ち止まって考え直す方がいいと言えます。

あなたのことを愛し、結婚を真剣に思う相手ならば、一～二年の内にそれなりの話を持ち出してくるはず。

そこに何か特別の事情があれば、話は違ってきます。

例えば、彼にめざすものがあり、それに到達するまで結婚はおあずけとか、一方が専門学校で学び、卒業したらすぐ結婚オーケーなど……。

それも、きちんと互いの合意の上なら安心です。

「結婚」という二人の目標を決めての歩みであれば、数年であれ、そこに希望が生まれます。

しかし、交際数年経た今、二人の間には何の約束もなく、会ったその日をただ楽しく過ごすだけの二人の関係なら、結婚を望むあなたには不安が出てきて当然です。

彼より年上のあなたであればなおさらのこと。

大人の彼であれば、あなたにきちんと、言葉で生き方を示せます。

あなたを、決して不安に陥らせることはありません。

今が楽しくても、展望的に人生を考えられない相手との生活は、それだけ（瞬間の快楽）で終わってしまいがちです。

あなたが彼と会うたびにイキイキとなることができ、悦びとなれば、あなたと彼とのこれからには、更に陽光もさしこむことでしょう。

ですが、いつも不安の方が大きいあなたなら、彼との関係は、失礼ながら「腐れ縁」かもしれません。

何故、今のあなたはひんぱんに（時々でもいいのですが）彼と会っているのでしょう。

自分の心の中を、よく覗き込んでみて下さい。

本当に、彼のことを思うあなたがいますか。

それとも、彼と離れることは単に淋しいから、という弱虫のあなたがいませんか。

そのような場合は、双方別々の再出発が望まれます。

なぜなら相手への「しがみつき」では、幸せになることはできないからです。

あなたの今の相手が年下の場合、年下の男性なんてもう二度と寄って来ないかも……なんて決して思わないこと。

年下であろうと年上であろうと、男と女の出会いは単なるその時の縁なのです。あなたに必要であれば、また出会えるはずなのです。

もう一度、あなたの心の奥底の叫びにジーっと耳を傾けてみて下さい。
一日も早く気付けば、それだけ早く幸せへと近づけます。

ワンポイントアドバイス

・彼へのしがみつきはあなたをみじめにするだけ
・彼とのつきあいでイキイキとなれば、出会いは本物

5

感謝の表現は独身の頃より

最近思うのですが、

「ありがとう」と、きちんと言える子供が少なくなってきたような気がします。

何かしてもらって「ありがとう」

何かをいただいて「ありがとう」

それは幼少の頃から、いつも身近にいる母親から受け継がれる言葉として、最も大きいものでもあります。

大人になると、「ありがとう」という言葉と共に、感謝の手紙を出したり、現代ならメールを送ったり。訪問時には感謝の気持ちを「物」という形で表したりと、「ありがとう」を表す幅も、拡がりを増してきます。

それに、お礼や感謝の表現は、タイミングも実に重要です。時を逃すと、行為も示しにくくなることがあります。

彼との交際中、互いがまだ新鮮な頃から、この「ありがとう」の言葉を言い慣れていれば、長年連れ合ってもスッと出てくるものです。

時を経て、二人の間ではそれが「サンキュー」になってもいいし、「どうも！」でもいい。素直に相手に「ありがとう」の気持ちが伝えられる関係であれば、いつまでもすがすがしいものがあります。

それが、互いに馴れあいが生じてくると、この言葉が徐々に減ってきます。相手への甘えや、このくらいならやってもらって当然、言わなくてもわかるだろうなどと緊張感の欠如からくる相手への傲慢さの表れです。そのままの状態でいくと、二度と「ありがとう」が言えない関係へと陥ります。
途中からだと照れもあり、なかなか言い難い言葉でもあります。
子供ができてもそれは続き、その状態を子供は見て育ち、親のマネをすると
いう悲惨な結果を招くことになってしまいます。

たったひとことの「ありがとう」が、家族の人間関係をも良くします。


将来、あなたの夫となるはずの彼の両親や兄弟などにスムーズに「ありがとう」が言えるかどうか？

更に、それを手紙やメールや物で表せるあなたになることができるか……。

今、この瞬間からそれを言葉にし、何らかの形として表現できるあなたであれば、間違いなく彼や先方の親族にもそれができ、好感を持たれることでしょう。

普段から使わないと、なかなか言い難い「ありがとう」。

習慣ですごいものです。それは、常に気持ちの中に「心からの感謝」があると、必要なときについ反射的に出てくる言葉でもあります。

ワンポイントアドバイス

・「ありがとう」はまずはあなたから
・以心伝心は、とっくに古い過去のもの

6 あなたの人生が変わる、電話の受け方・かけ方

仕事上、いろんな会社の方と電話でのやりとりがありますが、その時に対応した女性で、だいたいその会社が分かります。

出た方の声にハリがあったり、丁寧で親切だと更に心地よく、「あっ、この会社は雰囲気いいな、経営がうまくいってるな」と感じます。

かと思うと、「あれっ対応がちょっと暗め、それにクールすぎる。う〜ん、これは職場に問題がありそう」と感じてしまうのです。声は、その職場に活気があるかないかを表し、丁寧であれば、その会社がいかにお客様を大切に思って

いるかの表れでもあります。

それに電話を受けたりかけたりするには、今の相手の状況を想像することや、その相手へはどんな声や話し方がいいかを考える創造性が要ります。

彼への電話だって全く同じことが言えます。

「今かけるとグッドタイミングかも」

「こんな時間にかけると忙しいだろうなあ」

などと配慮しながらかけると、その気持ちが相手に伝わるのです。まさに、あなたの思いやりや性格すら如実に表れます。

最近は、スマホや携帯電話の普及で自宅の電話にかかることも少なくなりましたが、それでも応対のきっかけはあるものです。

随分、昔の話です。私の友人のSさんは、いつもはつらつとした声や口調で電話に出る女性でした。声にもハリがあり、彼女はエネルギッシュなビジネスウーマン。人づきあいもよくパワフルに動きまわっていました。

だから、Sさんのまわりには人の集まりが絶えません。

ですが、その娘さんが電話に出ると一瞬沈滞ムードが漂います。

「もしもし～」消え入りそうな声。

そのせいかどうか、交際相手とも出会ってはすぐ別れてしまうとか。彼女には、せっかく手本になる母親がそばにいるのに見習ってほしいものです。何だか母親に対する依存心も見られます。いつも、ア～惜しいなあ、と思いながら電話を切ってしまいます。


電話でのあなたの声は、相手の男性に勇気を与えたり、心地よさを与えたりすることすらできます。なぜなら、話す言葉（言霊）や声（エネルギー）は相手に対する大きな影響力があるからです。

だからといって、いつも大きな声で話せばいいというものではなく、TPOに応じたボリュームにする気づかいは大事です。

いずれにせよ、強いあなたならしっかり、はっきりした口調で
「ハイ、○○です」

「もし、もし、」

と出ることができるはずです。声の力は、その人のパワーですから。それに、存在そのものといってもいいかもしれません。電話の出方しだいで、あなたの幸運を招いたり逃したりしてしまったり。

だって、ひ弱で小さな声の人や、冷たい雰囲気の声の人とは、どんな男性でもつきあいたいと思うはずがありませんもの。


電話では、無意識に自然と「素」のあなたが出てしまいます。

普段から明るいハリのある声で、自ら幸運を招きませんか。

ワンポイントアドバイス

・顔が見えないからこそ、心に響くあなたの優しい声で

・あなたの電話対応力が、彼をとりこにする

7　燃え上がったときこそ、ご用心！

二人の恋の炎が、メラメラと燃えているまっただ中での結婚や同棲にはご用心です。

その間は、まわりが見えず二人だけの世界に浸った状態。彼と燃え上がった末、そのまま同棲生活に入った私の知る女性達は、ほとんどそのあと数ヶ月で別れが来ています。何故でしょう。

二人の心が相手のことで満杯のときは、本来の自分のことすら見えにくくなっています。

相手のことが好き、もっと知りたい、少しでも長くそばにいたい。そんな時はファイヤー状態。目の前のおいしいお菓子をたらふく食べたい。でも、いっぺんに食べたいだけ食べたら、誰だって飽きも早いはずです。

その恋も、時が経ち落ちついてくると、今までは見えなかった相手の嫌な面や欠点も、少しずつ見えてきます。

「やだー、彼はお酒飲むとすごいいびきかくんだー寝られないわぁ」

「わっ、夜寝る前に歯も磨かないなんて汚いわ」

本当は、彼のそんなところが見え始めてからが、愛のスタートの時なんですね。燃え盛る恋から、淡々とした穏やかな愛へと上昇すればいいのです。

ですが、恋とはやっかいなもので、単に「好き」という感情や、彼は私にとってステキな王子様ということだけでスタートしてしまった二人は燃えつきるのも早いもの。鎮火すると、それでジ・エンドとなるのです。

「愛」は恋からスタートしたなら、徐々に育てていくものでしょう。相手の美点、利点、欠点もひっくるめて受け入れられるあなたであるかどうか。時々、自分をも冷静な目で見ることのできるあなたであることが望ましいと言えます。

それには、一時期のファイヤー状態から少し時を置き、トロトロ、トロトロのかがり火の中で、互いをしっかり見ながら温めあっていくのも、愛を長く保っていける秘訣かもしれません。

決して早まらず、互いを冷静に感じたり、周囲の家族や友人に会わせていくのもいいでしょう。

「恋愛と結婚は別」とよく言われますが、恋愛の延長線上に当然、結婚があってもいいわけです。しかし、その時期を誤ると、とんでもない結果になることがあるということです。

二人が、ある程度、互いをよく知り合う期間はとても大切。

「恋」とは「大いなる錯覚」の場合もあるのです。

燃え上がっているその時こそ、注意しなければいけない期間です。焦らないで、じっくり互いを「知り合う時」を育ててほしいと思います。あなたの生涯の人ですから。

ワンポイントアドバイス

・恋愛中も、相手との距離は保ちつつ
・その彼の欠点も愛せるあなたであれば大丈夫

8
互いを大切にする心は最重要

結婚をする前提に、二人が想い合う中のひとつとして、「相手を大切にする心」を私はあげます。

恋は情熱なので、その時の気持ちで
「好きです」

「愛してる」

なんて言葉は、いくらでも言えますし、女性はそんな言葉に滅法弱いものです。

洋画の中で「アイラブユー」などと男性が耳もとでささやいているシーンを観ていると、確かにうっとりとしてしまうものです。

実は、そんな言葉を言われた後が大事なんですよね。つきあう中で、相手のいろいろなことが見えてきます。

本当にあなたのことを想っての行動なのかどうか？

相手に、結婚をする意志があるのかどうか？

冷静に観る必要があります。

特に女性は、相手と深い関係になると「彼は間違いなく自分のことを愛している」と錯覚することもあるので要注意です。

あなたを本当に大切にしたい男性は、あなたを安心させる言葉をかけたり、動きをします。どんなに不器用な相手でも、それはあなたに伝わることでしょう。

そんな彼に対し、あなたも安堵感や安らぎを自然のうちに持つはずです。

話し下手でもいい、誠意をもって自分の生き方をきちんと話してくれる男性はいいですね。彼に、まだ確固たる生き方が見つかっていないのなら、それを模索しようとする意識を持っていることが大事です。

行きあたりばったりの仕事や生活で、フラフラなんていうのは、あなたと共に生きる人生に対しても、しっかりした考えを持てないはずです。

結婚まで行きそうな予感を感じたなら、将来の自分たちの子供のこともチラリと話してみると、誠意のある彼ならば、照れながらもそれとなく考えを返してくれることでしょう。

「私を大切にして！」と、彼に要求しなくても、あなたの質問にきちんと答えてくれ、それも含めてあなた自身が彼を信頼できるなら、彼の、あなたを大切にしてあげたいという気持ちも、キャッチできるというものです。

何はともあれ、まずはあなたが彼のことを大切に思っているかどうかが、すべての前提です。

相手に多くを求めず、目の前の彼の良さを見ることができ尊重することから、彼への愛は始まると言えるでしょう。

ワンポイントアドバイス

・「大切にする」とは、あなたの生き方を尊重することでもある

・「言葉」や「物」だけに惑わされることなかれ

9 サーティカムな女性

恋は「魔物」とか「盲目」とか言いますが、その人に恋が芽生えると、いっとき心眼で観ることができないことがあるのでご用心です。

「好き」という感情は、その人の表面だけで好んでしまったり、相手を勝手なイメージで作りあげてしまうことがあるので困りもの。特に、恋愛経験に乏しい人や、つきあってそこそこで、すぐ別れてしまう人にありがちな傾向です。

とてもかっこいい
背が高い
目が大きくて素敵
話し方が魅力的

などなど。

いずれも、それは相手を好ましく思い、お近づきになるきっかけを作る入口ですから、それはそれでいいと思うのですが、そのポイントを中心に良好なイメージとして、拡大していく傾向もあります。それがいつしか、彼の全体像へと変化していくのです。

実は、恋愛を成長させるためには、そこからが肝心なんですね。

無事つきあい始めると、恋から愛への段階へと……。

その時点で、相手に落胆することもあれば、相手の本質を見抜けず、大いなる錯覚のまま相手への想いが募っていくこともあるでしょう。

いかなる場合でも、彼とあなたの想いのバランスが同等くらいであればいいのですが、片方が過剰に好きな状態になると、その関係は次第に崩れていきます。彼より、あなたの方が年上であれば焦りもあるかもしれないので、時には心のブレーキも必要でしょう。

この「好き」だという想いの感情は、本当に微妙なものです。

まずは、異性としての相手を好きになるのでしょうが、時を経て男と女という段階から、「一人の人間」として、冷静に観ることができるようになった場合、どうなるのでしょうか？

恋愛期間であるあなたに言うのは酷かもしれませんが、果たしてあなたは、彼をずっと大切にしていきたいと思えるでしょうか？　ここが大事なところです。

単に好きだから。

一緒にいたいから。

かっこいいから。

という感情や、一元的な表面からのみ見た好意というのは、とてももろいところがあるからです。

相手を大切にしたい想いの底には、触れようとしても触れ難い、尊厳にも似た貴重な想いを感じることすらあります。

ここで、私の大好きなインド映画の中で非常に興味深い内容のものをご紹介します。

「パダヤッパ、いつでも俺はマジだぜ」の中に登場する主人公ナイスガイのパダヤッパが、仲間と共に好きな女性のことを話しているシーンがあります。

その中で、女性には三種類いることを次のように話していたのです。

①サーティカムな女性……会った瞬間に崇拝したくなる
②プラチョタカムな女性……女を感じムラムラとする
③バイヤナカムな女性……つい、引いてしまう

大きく分けると、この三パターンらしいのです。（カタカナの言葉はサンスクリット語）

パダヤッパの好きな女性は①のサーティカムな女性です。

彼には②や③のような女性も言い寄ってくるけれど全く興味なし。単に外見

だけには振り回されないパダヤッパの目は節穴ではないのです。

彼の好きな、その女性は、とても美しくもありますが決してそれだけではありません。話すのにも奥ゆかしさがあり、何よりも温かさを感じます。同性からも人として好感を持たれ、まるで菩薩のような雰囲気すらかもし出しています。

彼女の美しさだけなら、ここまでパダヤッパが惚れ込むことはなかったでしょう。そんな内面を持つ女性だからこそ、そのオーラを彼女に感じ、「崇拝」したくなったのでしょう。

つまり、触れられないほどおごそかで、大切にしたい気持ちが彼の中に湧き出てきたのです。

「崇拝したいくらい彼女に想いが行く。しかしながら、人生を共にしたい」と、いうパダヤッパの人間らしい複雑な気持ちが、どうにもいじらしく、観ていて、すがすがしいくらいでしたね。インド映画は、実にストレートで分かりやすいです。

相手をどのように感じ、想うかは人それぞれです。しかし、この女性のように崇拝され、大切に想われる人は相手をも大切にできる人に違いない。だからこそ、パダヤッパのような人間味のある男性との出会いがあったのです。

つまりは、男と女は「相応」の出会いなのです。

ワンポイントアドバイス

・外見を重要視するあなたなら相手もしかり
・相手を心の眼で観る習慣を

10 彼と会えない時こそ自分を極める

交際している彼の仕事が忙しくて、なかなか会えない場合もあります。そんな時こそ、いかに時間を有効利用するかで、あなたの人生も違ってくるはず。

彼に一週間も会えないと、

「淋しい、淋しい」

の連発で、つい相手がどんな状況にいようとお構いなしで、電話やメールをしてしまう。それも自分が淋しいことを訴え、相手を責めるような内容で……。

あるいは、

「彼は、もしや他の女性と会っているのでは？」

とか、

「私に嘘をついて遊んでいるのでは？」

などと、人は意外に悪い方にものごとを考えてしまいがちです。


ですが、ここがあなたのお試しどころでもあるのです。

彼のことだけを四六時中考えていると、あなた自身も苦しくなり、「思考力」と「時間」の浪費で終わってしまいます。それに、あなたの彼への否定的な想いは、その負のエネルギーで、彼の生きる力をもグルグル巻きにしてしまいそうです。


男性というのは、仕事に夢中になるとメールの返事すら出すのを忘れてしまうもの。それは、あなたを決してないがしろにしているというのではなく、男性はどうしても、意識をあちらこちらと向けるバランスをとるのが難しく一点集中型になる傾向にあるとも言えます。（最近の若い男性の中には、女性以上にマメにメールする人もいるようですが……）

仕事への責任と共に、自己実現をそこに見出そうとしているので、夢中になっているのです。

でも、女性は仕事の合間を縫ってメールを送るなど、男性には考えられないような器用さがあります。その器用さを活かし、忙しくて会えない彼に対し、励ましや癒しのメールを送ってあげるくらいの配慮があればしめたもの。


実は、そんな時こそ彼への絶好のメールのチャンスでもあるんです！

「お仕事大変そうだけど、体は大丈夫？

私は、時間がある間に、例の資格試験の勉強進めているわ。

あまり無理しないでお仕事頑張ってね！」

などと送ろうものなら、彼殿も「返事しなきゃ」と思うはずです。つまりは、イソップ物語の「北風と太陽」でいうと、「太陽的メール」ですよね。

あなたのことを思う彼であれば、会えない間に来たあなたからの温かなメールに、どんなに嬉しく思うことか。

だけど、数日経っても返事も来ないし、電話もかかってこないというのなら、彼のことはちょっと考えなければいけないかもしれませんね。

まだ、互いがしっかりと信頼し合えていない関係であればなおのこと……


私のことを少しお話ししますと、年下夫とは三年近く遠距離交際の期間がありました。今のように便利な携帯メールはまだなく、交流はもっぱら直接携帯電話でした。電話も毎日かけるのではなく、どちらかに時間があり、うまく繋がったら話すという具合です。

話すと小一時間はたっぷり。だから電話代も相当なものでしたので、その辺は互いがうまくバランスを取りながら……。

当時を振り返ると、彼とは遠く離れているし、おまけに相手は二七才という若さであり、周りには私なんかより若い女性がたくさんいたはず。

だから、

「彼とはこのまま繋がってて、うまく続いたらまぁいいかなっ」

と、いうくらいの思いで、

「彼そのものへのしがみつきはよそう！」

と、考えていました。なので、意外にフランクにつきあえたのです。かえって、それが功を奏しました。

正直言って、私には過去ににがい体験もあるし、人っていうのは相手に執着すればするほど逃げたくなるというのを知っていたからかもしれません。

もう一つ、あえて付け加えるのなら、彼が仕事で長期間遠方に行く前の段階で、ある程度、信頼関係が築けていたように思います。

要は、何が何でも～というのではなく、「縁があれば一緒になれる」っていうくらいが、最もいいようです。

ここで、勘違いしてほしくないのは、彼に対して受身になるというのではなく、前向きに考えながらも二人のリズムに逆らわないように努めていくことが大事だということです。

彼とはあまり会えなくて、一人の時間が長いのなら、その分いろんなことができるわけです。その間、友人と会ったり、本を読んだり、映画を観たり、趣味に没頭したり、何か勉強を始めてもいいですね。一人の時間を存分に使える人は、その蓄積で、人としての魅力も倍増するというもの。

人生、流れの中で、うまく波に乗りながら相手とつきあっていくのが一番良さそうです。

その中でも、工夫をしながらスキ間のわずかな時間で彼と会えたらベスト！「人は会う回数が多いほど親しくなる！」という法則もありますので。常に前向きの思いで、彼と交際して欲しいのです。

ワンポイントアドバイス

・彼とうまくいかないのは、会う時間の長短のみではなく、あなたの「考え方」と「行動」に問題あり
・会えなくて不安や不信が募るのは、彼との信頼関係が築けていない証拠

11 この人、運命の人かな？と迷ったら

「私、今つきあっている人がいるんですけど、『この人、運命の人なのかなぁ？』って、思う時があるんです」

と、M子さんが唐突に言い出しました。

彼とは交際して四年になると言います。当初は新鮮味もあり、そんなことは考えもしなかったようです。それが、日が経つにつれ慣れあいも出てきて、特別どこが悪いというわけでもないけれど、

「果たして、この人でいいのかなぁ？」

なんて疑問が生じてくるそうです。

つきあって四年も経つと、どんなカップルでもそろそろ慣れあいの仲になり、お互いのことも知り得て、緊張感もなくなってきた頃でしょうか？

M子さんたちのことについては、仕事時に彼女と一度お会いしただけで、それ以上のことは私自身、分からないのですが、二人の間でコミュニケーションがどれくらいなされているかが、気になるところでもあります。

一般的に交際して数年も経つ二人の場合、

・二人がこれからどのように生きていこうとしているのか？
・結婚はいつ頃になりそうか？
・二人の今の仕事について
・これからの人生目標について

などなど楽しく語り合える二人なら「運命の人かしら？」などと考えるヒマなどないはずですよね。

かといって別れようという雰囲気も見えないM子さんでした。

それなら、彼女のような場合には、二人の間がどんどん活性化するような努力をしてほしいですね。

相手の男性がどんなタイプかにもよりますが、例えば、

・彼の話に真剣に耳を傾けてやることも大事。必要であれば、あなたからのコメントを。

・話をするのが苦手なタイプなら、女性のあなたが会話のイニシアチブをとり、話を進展する。

・二人で近い将来、何かやりたいことがないかを語り合う。

・楽しめる動きを企画する。（ドライブやミニ旅行など、友人を誘うのもよし、複数での食事会）

気付いたことがあれば、いろんなことをやってほしいと思います。長期間の二人の間だけでは、空気がよどみ、エネルギーも滞っている可能性もありますしね。

そんなことに敏感なあなたになり、どんどん新鮮な風を二人の間に送り込むことも大事です。

彼のことを真剣に想うあなたがいて、何かの行動を起こすことで、きっと何らかの兆しが見えてくることでしょう。

むろん、M子さんの場合もしかり、と言い切りたいと思います。

「運命の人」というのは、白馬に乗ってどこからかやってくる王子様のことでは決してありません。**今、目の前に縁したその人に対し、あなたの「運命の人」になるべく歩み寄りの努力が、どのくらいできるか**どうかではないかと思います。

だって、その人が絶対「運命の人」だなんて誰にも分かるはずがないわけですから……。

例え「運命の人」だと思えるような相手でも、どちらかが心を近づけ合う努力を怠れば、双方の糸は見事に切れてしまうやもしれないのです。言うなれば、あなたにとって大切な人であれば、繰り返し二人の間のメンテナンスは欠かせないことなのです。

さあ、あなたも「この人『運命の人』かしら？」と思う前に、彼と楽しく切磋琢磨できる何かを探しませんか？

ワンポイントアドバイス

・「運命の人」とは、今、目の前にいるその人がその可能性を持つ

第三章　結婚したら

1

ケンカをしても、すぐに仲直りができる

結婚して、日が経つと慣れあいも生じ、カップルによってはケンカの仕方もエスカレートしてきます。思ったことを溜め込んで言わないことよりいいかもしれないけど、ぶつかりあいが日常茶飯事だと、大人どうしのカップルとしては考えものでしょう。

今まで育った環境も、全く異なる他人どうしが一つ屋根の下で生活するのですから、寝食を共にする中で、互いが相手に驚きのいろいろがあっても当然の

こと。子供のケンカであれば、年上の方が「あなたはお兄（姉）ちゃんでしょっ！」と母親からとがめられ、仕方なく片方が降りるということになるが、大人の二人が、いつもそんな状態なら、ちょっと立ち止まって考えなければなりません。

「降りる！」片方は、いつしかうっぷんが溜まり、どこかに捌け口がほしくなるはずです。

それが他人様に（友人や同僚に）グチとなって話している様子は、見るに見かねるものがあります。

そこで、大人の双方ならきちんと話をするきっかけを作ることです。

すぐケンカになりやすい二人なら、何が原因でぶつかるのかをじっくり探ってみるのがいいですね。

恥ずかしながら私たち夫婦も、結婚当初三年くらいはケンカしない二人だったんですが、いつの間にやら徐々に双方にわがままが出てきたのか、ある日、言いあうことが増えてきたことに気が付いたのです。

どちらかと言うと、私の方が夫に対しケンカを売る（?）方で、穏やかな夫はいつの間にか、私のペースに乗っかって強い口調になる瞬間が出てきたのです。

「あら、こりゃいかんいかん」と、それに気が付いた二人は、一週間に一度くらいじっくり話しをする時間を作ることにしました。つまりは、それはこれからも二人が仲良く生きるための貴重な軌道修正タイムなのです。

時には外（喫茶店）で、時には我が家で焼酎を飲みながら……。改まると、意外に互いの気をつけてほしい面や直してもらいたいことが理性で話せるものです。

二人共、すぐにそれが改善されるわけではないけれど、言われたことが頭の隅っこに残っていて、少しでも相手に理解してもらえる言動へと心のベクトルが向かうものです。

相手（つれあい）に、「あっ、努力しているな！」と、思わせればしめたもの。そうやって、私たち他人どうしの歩み寄りは続いていきます。

結婚生活は、恋する二人の時期とは異なり、とてもとても泥臭い舞台裏みたいなものでもあります。

各々が双方の仕事の場（職場）で思いっきり緊張感を持ちながら動いていれば、我が家にいる時ぐらい、グターッと、あるいは、デレーッと心も体もゆるみ、ついわがまま言葉や動きも出て来ようと、それはそれで仕方のない面でもあります。

そんな互いが表舞台で、次なる活動的な日々を送るためにも、**ささいなわがままを許しあい、認めあう**ことも、ひとつの愛の形なのかもしれません。

ワンポイントアドバイス

・ケンカの長引きは、二人の破たんへと

・賢いあなたは、知恵のある歩み寄りを

2

夫婦とは「忍耐」だけの関係ではない

夫婦の人生は、「忍耐」のひとことだともよくいわれます。
長い人生、あかの他人どうしが一つ屋根の下で顔つきあわせて生きるのですから、そうとも言えるのかもしれません。

でも、でもです。
果たして、そう言いきっていいのでしょうか？
忍耐が必要なのは、二人が「忍耐」という心の境地から脱することができなかった結果だと思うのです。

二人の話し合いや、そこから生み出される知恵や、二人の前向きな動きで、ものごとは、いかようにも変化するものです。

確かに人間ですから、互いに気に入らないことやがまんすることもあるし、一人でいたいことだってある。

でも、そんなことだって必要です。そこから、いろんなことに気付きがあり、自分なりの解釈ができ、自己反省をしたり、相手の存在に有難く思う日もあるわけですから。

このプロセスをどのように感じとり、思考するかで、自らの人としての成長性にも大きな影響を及ぼすことになります。

私は、本来夫婦とは、決して「忍耐」のみの関係に終始してはならないと思うのです。

ほとんどが「忍耐」の二文字で形容される結婚生活なんて悲しすぎます。言うなれば、夫婦とは、最も身近な貴重な存在であり、積極的に学びあい、育ちあえ、二人して何かを生み出していける（生産的なもので、中身は人それぞれ）最小単位のグループだと思っているからです。

今、私が世の中のカップルに心からそう望んでいる「夫婦像」そのものでもあります。

テレビのあるドキュメントで塩作りをしている六〇代の夫婦のシーンが目に止まりました。

「私は夫から優しさをいただいているので、それを夫に返したいので優しくします。すると、また、夫から優しさが返ってきます」

まあ、何ともめったに耳にすることのない深みのある妻の言葉であることか。私はすぐにメモしておきました。

それまでには、「忍耐」という言葉が出てくる過程もあったようですが、ここに来て、二人が、その「忍耐」の期間を乗り越え、「優しさ」「ありがとう」の、言葉に包まれる愛の人生へと変化してきたようです。

確かに、二人の人生には「忍耐」のプロセスもあるかもしれないけど、「忍耐」のみで終わっては意味がないもの。**それを二人して生きる肥やしにできたとき、「忍耐」は死語になり、夫婦というのは異なる言葉で表現される**ようになるのかもしれません。

ワンポイントアドバイス

・二人で産み出せるのは子供だけではない
・それは、二人の積み重ねの「愛」という目には見えない結果でもある

3

生活の工夫は、二人のぶつかりをなくす

言いあえる互いになり、感情をぶつけあうことも必要ですが、それだけでは犬や猫の叫びあいで終始します。

知恵を出して、少しでもぶつかりあいをなくすための方法を考えること。

ぶつかりあいは、生活の中の些細なことからおこりますからね。

例えば、うちの場合で、うまくミニトラブルを解決した例をあげてみます。

夫が帰宅し、下のエントランスや玄関のピンポンを鳴らすたびに、私はイン

ターホンに駆け寄り、「ハーイお帰り！」と返事をしてカギを開けていたのです。決して、大邸宅ではないけれど、リビング抜けて廊下を歩いてドアを開ける。それがなんともはや、食事のしたくや風呂掃除中は家事をしかけて濡れた手を拭き動くのですから、私にとってはリズムが狂うのです。

ただでさえ忙しい時間帯。

わずかなストレスになりかけていました。

すぐには出られない場合もあり、そんな時、夫はちょっと不機嫌な表情になっていました。

当初は、どうして、そんな表情なのか、会社で何かあったのか、感じとれない時がありました。しかし、時を見て話すと互いが納得！　夫が下のエントランスでも自らのカギで開け、我が家に入室することで一件落着。

リビングで顔を合わせて「お帰り！」となります。

当然、私のストレスもなくなったのは言うまでもありません。

でも、でもです。

子供さんがいる場合家庭の教育で、父親を玄関で「お帰り！」と出迎えるのもいいものです。これは各家庭のスタイルですから。双方が、最も快適な家族のパターンとして捉えることが第一ですね。

人によっては「何だそんなことぐらいで」と、思われるかもしれないのですが、それが本人たちの生活リズムになっていると、なかなか気付かず変えられないものなんですよね。

もうひとつご紹介です。

朝の出勤時間が、私の仕事の都合で夫と重なった場合は、洗面台はヘアスタイルを整える夫と戦争状態。そこで私は、メイクアップボックスを買い、どこででも化粧ができるように。夫の整髪が終わったところに、私は洗面台へ向かいドライヤーを使います。これでトラブル無しとなります。

まだまだありますが、このようにわずかな解決策を見つけ、二人の生活がうまくいくように工夫していくといいですね。そのためには二人して、**生活をスムーズにするための創造力がいる**のかもしれません。

でも、たいていの男性は、日常の細かいことにはなかなか気付かないもの。こんなことは得意な女性がリードしないといけないのかもしれませんね。

ワンポイントアドバイス

・トラブルは些細なことから発生
・スムーズな二人の生活は、あなたの知恵でひと工夫

4 カサカサ夫には妻が潤いを

現代の夫婦は、多忙きわまりない仕事人間が多いものです。毎日の仕事に明け暮れ、帰宅すればバタンキュー。その連続で、五〇、六〇才を経て友達や社会との接点もないままの生活。「ハッ」と気付けば、「濡れ落ち葉」といわれるはめに……。

あなたの夫が、こんなになる姿は想像したくないですよね。

そのための工夫を、今からする必要があります。

私なりに思いついたことをあげてみましょう。

◉ 貴重な休日に旅行を計画、近場でもオーケイです。

旅先では、身も心もゆったりさせながら普段話せないことを話したり、先のことを考えることができます。あるいは、見知らぬところを歩きながら観ることで、脳にはかなりの新鮮さを与えることができます。

くつろぎの時間と空間は、夫を癒し、潤いを与えてくれるはずです。

◉ おしゃれなおいしいレストランやカフェを見つける。

日常から異空間（店）へと誘います。身も心もクッタクタの夫も、ほどよく心地良い緊張感を持てるはずです。

おいしい食べ物は、身と心を豊かに満たしてくれます。

◉ 夏場なら海や滝や山、高原など、マイナスイオンで癒せる場を探します。

こんな場所へは、あなたの手作りのおにぎりやお弁当がグッド！、格別な味に感じるので不思議です。

◉休日に出かける際の服は、少しおしゃれなものを身につけてもらう。

何年前に買ったのかも忘れ、色もあせかけたものを身につけてると、人までもカサカサになりそうです。リーズナブルでも、ちょっぴり新しいものを。

◉脳を心地よくする音楽やコーヒーを用意しておく。

夫が早く帰宅した静かな夜などは、あなたがそれらを提供できるシチュエーション作りをします。

このようなことも、結婚当初の早いうちから少しずつやっていないと、数十年経ってから突然やり始めても、男性はなかなか、ついてきにくいものです。「なにっ！　突然、どうした……!?」って感じでしょう。

他にも……いろいろ日頃からリラックスモードに入る術を考えておくといいと思います。

このようなことに使うお金は、二人が人生をスムーズに乗り切っていけるための投資だと思い、「もったいない!」と、思わない方がいいですね。できる範囲のことを心がければいいわけですから。

人は何かで定期的にリフレッシュしていかないと、脳も枯渇状態になり、生きる意味すら失い、張りをなくしてしまいがちです。

ある時期、笑顔が売りもの(?)の私の夫が、仕事で帰宅するのが十二時をまわる時が続いたことがありました。表情は固く、眉間にはあるはずのないシワが……。人って状況で、こんなに顔が違ってくるんだと思ったものです。

それから、ほどなくして、休暇を利用して近場の温泉へと出かけ、やっと元の夫の柔和な表情に戻ってきたのです。完全復帰ではないけれど、あの状態のままだと確実に体に異常をきたすところだったでしょう。

脳が、仕事でうっ血状態の本人は、旅の計画すら立てる思いが出てこないものです。家でゴロゴロもたまにはいいけれど、一時期は身を置く環境を新鮮な場所に変えることは最重要だと気付きましたね。
企業の中で、戦士となり頭の中はいつも「仕事、仕事」。そんな夫に潤いを与え、活性化を促すためにも、やはり女性のサポートは必要なのかもしれません。妻であるあなたも多忙な身なら、共に討ち死にせぬように、それら「癒し」を共有する「時」を作るのも急務のようですね。

ワンポイントアドバイス

・仕事で成功しても、私生活でダメになる夫族
・人生の成功者に導くのは、あなた（妻）の役目かも

5
プラスの言葉は相手を鼓舞できる

フィリピンの女性に英会話を学んでいた時のことです。
なかなかうまく話せない私に対して、
「グッド、グッド！　オッケイ！」
と、彼女はすぐ反応してくれます。
「グッド、グッド、少しずつうまくなっているよ。必ずもっとうまくなります。
大丈夫。大丈夫！」
と、明るく励ましてくれます。

それが何とも心地良い言葉として響き、単純な私は、

「うん、そうだ、そうだ、もうちょっとだわ」

と、自らに言いきかせたものでした。

あなたの相手が、つまずきそうな場合、

「誰だって、そんな時はあるわよ。何とかなるわよ」

とか、

「あなたなら大丈夫と思うわ。あなたには本来の力があるから、そんな鍛えがあるんじゃないの？」

などと力の湧いてくるような言葉がけができると、相手は蘇る力が出てくるに違いありません。

中には
「あなたってダメなんだから」

「そんなことだから昇進できないんじゃない！」

などと、平気でがっかりさせる言葉を発する人もいるようです。

とんでもないことです。そんな言葉がけでは、未来の二人の関係は間違いなく危機状態。夫が更にヤル気を起こし、奮起できるような言葉をたくさん見つけてほしいと思います。それを言っているあなたにとっても、いい現象が、形として現れてくるはずですから。

相手に面と向かって表現するのが苦手な人は携帯のメールがあります。他の項でも書きましたが、メールはいろいろな、いい活用のしかたがありますよね。

「この前はありがとう。助かりました。感謝しているよ（ハートマーク）」

とか

「やっぱり、あなたと一緒になれて良かった（ハートマーク）」

などと、さりげないひとことが相手の中にキュン！　と入っていくはずです。

私たちの場合、私はジョーダンぽく言えるけど、夫は照れがあり言えないタイプ。まぁ、普通はなかなか恥ずかしくって言えませんよね。そこで、相手は仕事先からイラスト入りメールを送ってきます。そんな時、やはり悪い気はしません。こういうわずかな気遣いも、妻の方が大得意。一見面倒なようでも、こんな積み重ねが夫婦には大切なのです。こんなコツコツ気配りがいつしか夫を誘導していけるのですから。

ワンポイントアドバイス

・夫への気遣いも茶目っけで楽しく続ける
・あなたのプラスの言葉で、二人の間にいいエネルギーが生まれる

6 今、二人だからこそ意味がある

今、どんなに仲のいい二人でも現世において、いつかは別れの時がやってきます。それが、仏教で言う「諸行無常」ということなのかもしれません。

「今、仲のいい二人でいるけれど、もし、彼がいなくなり一人になったらどうしよう。生きていけるかしら？」

こんなふうに、先の余計な不安や淋しさを考える人が中にはいます。

でも、そんな心配はちょっとどこかに置いておきましょう。未来に対する無

駄な恐れや不安を抱くより、これまでの二人で歩んで来られた人生に感謝しながら、今を、そしてこれからを豊かに生きることを考えることが、どんなに価値のあるものかと、発想を変えてみることが大事なのです。

未来は、「今瞬間の想い」そのものです。今のあなたにとって大切な存在であり力を合わせて生きていきたい！　と思えば、きっと相手にもそれは通じるはずです。

それに、人生はどんなふうに展開していくかが、とても楽しみです。

それが分かると、一日一日が大切でとても、いとしく感じてくると思います。

おしどり夫婦でも有名だった作家江藤淳さんは、奥さんが亡くなられてから病弱な上に、気弱になり、ついに自殺の結果を迎えてしまいました。そうしたように、片方が亡くなると、もう片方は支えを失い、生きることを喪失してしまうこともあるでしょう。（特に男性に多いと言えます）

しかし、そんな悲しみや辛さは、夫婦に限らず、いろんなケースにも考えられることを知る必要があります。

ニュースで耳にしたことですが、離婚して母子二人で暮らしていた母親が、たった一人の最愛の息子を交通事故で亡くしたとか、妻を亡くし、五〇を過ぎた父親が、かわいがっていた一人娘をその同級生に殺された、など、予期せぬ、最愛の人との別れは残酷にも突然訪れ、地獄へと落とされる思いでしょう。

しかし、です。

それでも、残された人は生きているのです。

それは、その人が悲しみを味わいながらも残された中で、自ら次の光を見つけなければならないがために、生かされているのだと私は思うのです。

確かに、最初から一人より、途中から一人になる方がどんなに辛く、恐ろしいほど淋しい瞬間があることか……。

それは夫婦だって、親子だって同じことだと思います。

それでも、残された、その人が、そのような中で生きていかねばならない何かがあるはずなのです。

「どんなに辛くても、淋しくても自ら一歩前にでる人生！」

それを見つけ、その暗闇から脱したときに、次なる新しい生き方が用意されているように思うのです。

それは、今までとは異なる人間関係かも、あるいは新しい環境かも……。それは、今は神様すら教えてくれません。

ほとんどの人が、それに気付かず、不安と孤独の中で、仕方なく生きていくのかもしれません。

人によっては、自ら命を絶ったり。

何とも残念なことです。

人間とは人の間と書きますが、二人で生きている間に、二人だけの世界を生きるのではなく、いろんな「人の間」で、生きていくことも重要だと思うのです。

少しでも多くの人と繋がりを見つけること。その気になり、行動すればいくつになろうが、気のあう人とは出会えるようになっているものです。夫婦二人が、多くの人の間で人生を学びあう中で、二人は互いに生きる力が出てくるものだと私は信じたいと思います。

「生きる力」は、自分一人だけの世界ではなかなか出て来にくいものです。

今、二人が出会い、二人して生きているという事実に感謝し、喜びを感じながら生きていくと、更に二人の喜びの人生は増幅されていくことでしょう。

人って、悪い方にものごとを考えやすい性質がありますよね。

もし、あなた方二人がそうであるなら、その習慣を、妻になるあなた自身が変え（ものごとをプラスの方へ考える）、各々が動くことによって、今ある「二人の人生」の意味を本当に実感できる時が、必ずあなた方にも来ることでしょう。

ワンポイントアドバイス

・光の人生は、「今瞬間！」の延長線上にあり
・先を思案するより、今の人間関係に膨らみを持たせることが第一

7
いつまでも互いに興味を持つ

二人がつきあい始めた頃は、互いがもっと相手を知りたがったり、自分のことを知ってもらおうと懸命になりますが、時を経るごとに、その知ろうとするエネルギーは沈静化していきます。

会うごとに、それぞれのこともほとんど知り得、互いを獲得できたという安心感から、興味を持つ度数が低下してくるのです。

これが結婚すると、もっと二人は接近することで益々安堵のドツボにはまり、全てを知り得たと錯覚してしまいがちです。

本来は、そこからがスタート。

結婚しても、伸びたい男女は各々の世界でどんどん力をつけ、メンタルの世界を拡げていきます。

二人が、互いのやっていることに興味を持ち、時々尋ねたりすることで、今の相手の動きや考えていることを知ることができるのですが……。

それが、夫は夫、妻は妻、とばかり、双方が相手のやっていることに関心を持つことをやめてしまうと、二人の間隔はいつの間にか徐々に広くなってしまいます。

相手のことを知りたい！　と興味を持つことと、相手の中にムリに踏み込むことは異なります。

主婦A子さん（三三才）は、夫を尊重するあまりか（?）、日頃夫のやることとは詮索しないということです。そんな夫は、妻はもう自分には無関心だと思いこみ、自分のペースでやりたいことをやっているとか。

妻は妻で勉強熱心。

いつかはある資格をとろうと、そのための勉強に余念がありません。数年経った頃、二人はほとんど互いのことを知らないことに気付きます。

夫が囲碁の名人技までなっていることや、妻はある資格を取得し、仕事先を探していることなど互いを知る由もありません。

互いに一つ屋根の下に住んでいながら……。

不思議なことです。

しかし、二人は互いのことを知ることになるのです。

それは共通の知人を通じて。

人生の連れあいが、長年やっていることを他人様を介して知り得たとは、何ともはや淋しいことですよね。知人に、かすかにたしなめられ、本人達も、各々に無関心すぎたことを、新たに確認しあったいい機会でもあったようです。

◉ 妻の反応で夫は変わる

妻のAさんも、それを機会に夫を少しでも理解しようと努めるようになったとのこと。妻が夫に、関心を抱くように努め出すと、夫も少しずつ変化してきたようです。もともと、嫌いなどうしではないわけですから。

このようなコニュニケーションは、妻の方から舵取りをした方がよさそうです。男性は、自らおしゃべりするのが苦手な人も多いですから。

実は、この夫婦は年月を経るごとに、一緒に住んでいることで、あまりにも近すぎる相手に興味を抱くことを、忘れてしまいつつあったのです。

この状態で、互いが感心のないままずっと続いていたら、ちょっと恐すぎます。二人の無関心の大きなツケがまわってきそうです。

各々が異なる方を向き、双方の動きも知ることがなくバラバラならば、別に結婚せずともいいわけですからね。

しかしながら、次のような夫婦がいたことも事実です。

白洲次郎と、その妻正子。この二人のように互いの世界で、それぞれが本質を求め続け、「自分は自分」と、双方とも独立し、異彩を放っていた夫婦のような人生は特別な存在だと言えます。

白洲次郎とは、戦後、当時の首相である吉田茂に請われ、得意な英語を駆使し、ＧＨＱとの折衝にあたったことで有名な一市民でした。

面白いのは、その白洲次郎によると、自分たちの夫婦円満の秘訣は「一緒にいないこと」だといいます。それでも、彼らには客観的には分かり難い引きあう何かがあり、二人がマイワールドを保つことを許しあい、認めあうことが二人にとって夫婦のありようだったのでしょう。それは、決して互いが無関心を装うことではなく、それぞれの世界を保つことへの配慮や尊重の表れだったのかもしれません。

ここまでやれて、それが「夫婦円満」ということであれば、何も言うことはありませんよね。

◉互いを知りあえることでもっと豊かになる

しかしながら、普通人の私たちにとって、互いの世界の情報を知り得るというのは、人生を共有する二人にとって大きな意味があるように思います。全てではなく、その一部でも。

「私ね、こんな資格とろうと思っているの」

と、妻が語れば、

「ほう、それはいいことだ。私は、今囲碁やってるけど、これやってる時が一番仕事の嫌なこと忘れてるね」

と、語り合うところに、夫婦の温かな空気も流れるというものです。

互いに感心がなくなれば、もう終わりも同然です。

ひとところ流行った「メシ、フロ、ネル」という夫たちの言葉は、現代の若い二人の間ではすでに死語だとは思いますが、それに近い口数の夫だとちょっと淋しいですね。

せめて、夕食時や寝る前のひとときに、その日のことを忌憚なく話せる二人でありたいものですよね。

それが、仲のいい夫婦であるためのひとつの秘訣とも言えます。

ワンポイントアドバイス

・その人は、あなたのことに関心があるのか?

・単なる同居人になっていないか?を、確認するのはあなたの役目

8

夫がイキイキとヤル気を出させる妻になる

結婚して数年の夫婦に、次のようなパターンを見ることができます。

1　結婚数年後、慣れが生じて、互いに相手の粗探しばかりでケンカが絶えない。

2　二人は、ただ坦々と暮らし、可もなく不可もなくという人生。楽しみは二人で共有。

3　時が経つごとに奮起し、目標に向かって進んでいる夫、そのかたわらでは、常に夫へ気を向けている妻がいる。あるいは妻も前向きに進むので、夫が少なからず影響を受けている。

私は、三組目の夫婦に魅力を感じます。「人」である以上、せっかくカップルになれたのだから、成長しないと意味がないように思います。つまり、「あの夫の影には、あの妻あり」ですね。

さて、いい意味でも「あの妻」とは……。

◉夫の心の潤いとメンテナンス

地に植えた植物すら水をやると、一人ですいすい成長していきます。その水をあげあうのが夫婦ではないでしょうか。

乾ききったビジネスの世界から、帰ってきた夫に潤いを与え、ヤル気を起こさせる言葉をかける。

リラックスした環境状況の中で、時には「生きる」ことについて語り合う。

それは、夫婦の心のメンテナンス。

そして、それを先がけてやるのは、得意な妻の役割だと思います。車の点検は、二年ごとでいいけれど、生身の人間の場合はそうはいきません。早いスパンで世の中は変化し、周囲の諸状況も変化します。

それと共に、人の心の中だって……。

複雑なのが人間の精神状況です。

それを敏感にキャッチし、対応できる技量が妻には必要なのです。つまりは、夫の今の仕事状況や雰囲気を夫そのものから敏感に感じとるのです。それができなければ、夫への適切な対応はできません。


女は、どちらかと言うと、男性よりいろんなことに適応力があるので、カメレオンみたいに変幻自在に周りに合わせやすいのですが、男性はその点不器用です。

だから、余計に神経も使う。

それが、男性は表情や態度に正直に表れます。

まさに、ストレスの固まりの存在です。

おかげでその点、ず太く女として生まれた私たちは、それをカバーしてあげるために家にいる時ぐらいは、夫をリラックスさせてあげないといけないのです。

そして、夫の雰囲気を読んで対応する。

それは、女だからそれをやらなければならないというのではなく、自然体でできる、役割のようなものですね。夫族は、そんなのって苦手なのです。

◉ 女は母性を発揮する

もともと女性は、お腹の中に十ヶ月という長期間、子を宿すことができるという、とても不思議な力を持ち合わせています。それは、男性にはない力です。胎内で育んであげられるのは、女なのです。それが、周りを母性としての愛で包み込む、原型なのかもしれません。

夫は、ある意味で妻に母性も求めています。それを女は感じとり、その力を発揮して夫を愛で包み、安堵する心や成長するためのパワーを出せるようし向ける。

妻とは何と創造性に富むことのできる立場なのでしょう。

結婚して子ができると、女は母親になりますが、その母性が子供にしか向けられなくなります。それは、夫にとってはとても淋しいことだと思います。

男は、いつまでたっても息子のようなところがあります。子がいようが、いまいが、夫にも母性として意識のベクトルは欠かしてはいけないのです。

それが分からない妻は、想いが我が子にだけ行き、弱い夫は淋しさを覚え、他の女性に気持ちが移ってしまうという実に情けない話もあるわけです。

更に、女（妻）も締めるところはきちんと締める。

それは、「ものを言うところはきちんと言う」ということです。

必要であれば、時には大声はりあげて泣き叫んだっていいと思うのです。要は、本気で私はあなたのことを考えてるっていうことを、伝えることも大事なんですね。あくまでも必要であれば、のことです。

◉ほめるほど惚れ込む

夫婦というのは、長年連れ添っていくのですから慣れ合いという虫が一番くせものです。その慣れ合いの中で、時には、いかにうまく緊張感を与えながら夫にヤル気を出さしめていくか。ここが重要なのです。

時には、ほめることも大事。

「あなたなら、やれると思っていたわよ！」

「さすが、私が選んだだけの夫だわ！」

などと、ジョークめいたさりげないひと言が夫を奮起させるのです。

人はほめられると嬉しいもの、俄然「やったるか！」なんて、ヤル気も出てきます。それが結果として、嬉しいことに女性（妻）のヤル気にも繋がるんですねえ。

ここで、過去、野球中日ドラゴンズの監督だった落合博満夫妻のことを思い出します。

彼（落合博満氏）の潜在するパワーを出さしめたのは、まさに妻である信子夫人！　ということは、つとに有名な話です。

当時、成績がパッとしない落合選手を叱咤激励、独自の内助の功でスーパースターに見事変化させたのです。彼女は夫をほめることは勿論、目標作りを誘導したり見事な参謀役を果たしました。徹底して夫に惚れ込み、後押しに徹した落合夫人は、あっぱれな女房、まさに妻の鏡でもあります。それに、二人の波調が合っているということも、大きな要因かもしれませんね。

カップルの形も、人各々ではありますが、相手に惚れ込み、「何としてもこの人を男に！」と、女の意気地も強くなることは「納得」です。

「イキイキとヤル気を持つ夫になってほしい」とあなたが思うなら、あくまでも落合夫人ならぬあなたが夫に心から惚れていることや、愛しているということが大前提だということは言うまでもありません。だって、これだけ世の男性がひ弱になってきているんですもの。

ワンポイントアドバイス

・男（夫）の力は母性ある強力な妻によって湧き起こる
・その影響力は年齢の上下に関係なし

9
結婚生活に大事な青写真

会社のリストラにあい失業中のA夫さん（三〇代後半）は、次の職も決まらぬ中で、夕方からはお相手のT美さんとデートの日々。そして、いつしか一緒に住むことになり、いっそ結婚！　と相成りました。デートの費用もかさむので、結婚した方が安上がりという、確かに合理的な選択です。

内輪で質素な結婚式をあげ、新婚生活はスタートしました。

しかし、A夫さんの仕事はいっこうに見つかりません。

生活は、今だに彼のアルバイトとT美さんのパート（契約社員）で、しのいでいる状態です。先行き不安を持つ二人は、何かにつけケンカの回数も多くなっています。

ちょっと厳しいようですが、交際期間に結婚生活のための何の準備もしていなかったつけが、まわってきているように思えます。

側から見ていると、結婚生活に対する何の計画性もなく、あるいはA夫さんは今後の仕事は自分にとって何が適性なのかを知ろうとすることなく、ただむやみに仕事を探しているだけのように感じます。

三〇代の後半なら、目先のアルバイトまがいのことをするのみならず、本来の自分の能力を知る手立てを見つける必要もあります。交際中に余暇を利用して、何かの資格をとることもできたはずです。彼が自分の道に気付かないなら、妻であるT美さんともしっかり話し合うことも大事。

二人を見ていると、楽しさは共有できても、それぞれが、何だか好きなように道を進もうとしている気がしてならないのです。恋人どうしの期間は、遊ぶだけの仲良し小好しでよかったかもしれませんが、結婚となると現実です。

そうはいきません。

互いに、夫婦という運命共同体になったからには、妻の方も夫の仕事に関し、大いに関心を持って意見を言えたり夫も積極的に話ができるはずです。

二人が仲が良いというのはいいことですが、それだけでは、本来の夫婦とは言えず、せいぜい「恋人どうし」止まり。長い人生を、共に歩もうと思うならば、それぞれの忌憚のない考えをぶつけあうことは、とても貴重なのです。

そして、流れにまかせた思いつきの結婚ではなく、ある程度の青写真を描ける結婚生活のスタートが、周囲にも安心感やゆとり感を感じさせます。

そのためにも、二人の経済力はとても大事です。彼の方に、何らかの能力があり、それを活かせる見通しがあれば、その仕事に就き、ある程度定着性が見えてからの結婚ということも考えられます。

あるいは、夫が定職に就くまでは、妻が経済力の代行ができるなど。どちらも不安定なまま、単に一緒に居たいからだけでは、あまりにも無謀すぎます。幼なすぎます。

大人の二人なら、二人の乗った船の行き先（方向性）をきちんと立てられる夫婦であってほしいと切に思うものです。

ワンポイントアドバイス

・二人の結婚が何のための結婚か?
・二人の結婚はどこに向かっているのか?を知る

10
周りに影響力を与える二人とは

自分のことで目一杯という世の中で、人のために生きたマザーテレサやガンジーのようには、とうていなれないけど、誰しもせめて身近な周りの為に何か役に立つ二人にはなれるのではないかと思います。

それは、大げさに何かをやるというのではなく、「いつしか、周りすら幸せな気分にすることのできる二人になる」と、いうことです。希望のある二人が、そんなことを話し合えたら何とステキなことでしょう。

私は決して、理想論を述べているのではありません。そんな話ができるというのは、かなり高い次元の二人になっているのでは（？）と思うのです。

現に、そのようなカップルがいますが、その方たちの周りには、常に人が寄ってきていて二人の人生の豊かさを感じるからです。だから、幸せを追っかけなくても、自然と幸せの渦の中に入り込んでいけるんですね。

「自分たちさえよければそれでいい」という世の中で、**周りに温かく接することができたり、そんなふうに生きたいと思って行動すると、意外に同じようなことを考えている人達と出会える**ことすらあるものです。

私は、結婚する数年前からそんなことを思いながら過ごしていました。

◉ 共感する人たちと出会うようになっている

結婚後の周りとの出会いもしかりです。

結婚当初は二人だけで、何もいらない気分になるけれど、いつまでもそんな気持ちが続くわけではありません。

私自身、二人だけの閉鎖的な世界がずっと続くと、生き方を狭くし、いつかは息詰まりが来そうな気もしていたのです。ですから、人とお近づきになれた時にはそんなことを話しつつ接していると、共感する人が徐々に増えてきたのは事実です。

不思議なことだと思いますが、実は、こんなことって自然な成行きじゃないかな？　と思えるようになりました。人って同じようなことを思ったり、感じたりする人達が引きあうようになっているものです。あるいは、潜在的に共通の何かがある人達どうしが出会ったりして……。

だから、人との出会いって面白い。

◉想ったことは成る

それに想っていたことは、そのように成る可能性はあるけれど、想わないこと（願望など）は、現実化しません。だから、「想う」ことがとても大事なんですよね。

人との出会いや、こうありたい、成りたいってことも、想像して初めてそのような結果が出てくるわけですから。いえいえ「想う」時点で、もう半分以上結果は出ているようなものです。

あとは、それをどのようにやるかだけでしょう。

◉感謝の行動が周りを幸せにする

これから長い人生、二人が日々どんなことを考えながら歩みたいのか、私たち夫婦も時折話すようにしています。

例えば、それぞれの両親に対するいたわりの心や行動も大事でしょう。生活を忙しくしていると、つい親のことなど忘れがちです。でも、私たちをこの世に産み出してくれた両親の存在に対しては、感謝しても感謝したりない想いですね。たとえ、あなたが今、どんなに辛い想いをさせられている、どのような親ですらです。

今、あなたの親に対する感謝の心が持てなくてもいつかはきっと「そうだったんだ……」と、分かる時が来ることを信じたいと思います。どんなに忙しくても、せめて一年に一～二度程度は、会ってじっくり話をしあうなど、「親のための時間」を作ることは、とても大事だと思うのです。

感謝の気持ちは、言葉とともに想いの込もった行動をともなうことで、きっと伝わるはずです。

それは、縁ある心の近しい友人達に対してもしかりです。時に会う友人達との触れあいは、双方の生活に潤いを与えてくれますね。

これは、ダラダラと流されがちな日々の中でホットな交流を保てる貴重なひとときです。それは、互いの楽しみのひとときでもあり、活気ある次なる一日のスタートのためのエネルギー源ともなり得ます。
そんな中で、中心となるあなた方カップルが、「あの二人といると何だか楽しいよね」なんて思われればしめたもの。そんな何げないことが、周りに共鳴感や幸せ感を与えることになるのですから。

ワンポイントアドバイス

・自分たち二人のことしかない二人の幸せには限界がある
・二人が一緒になれた感謝が周りに対してあれば、二人はいつしか幸せへの渦へと入り込む

11 二人の言葉の決めごとをする

これから航海を始める二人が、乗った船を難破させないためには、いろいろな工夫をすることも大事です。

当初、どんなに愛しあって結婚した二人でも時と共に、互いのわがままや慣れも出てくるというもの。その中で、言葉などの決めごとをすることで、二人の生活をスムーズにできる瞬間があります。

例えば、簡単にできるのが、

1 どんなことがあっても必ず挨拶する。

「お早よう」から始まり、「ただいま」・「お帰り」まで。これが、ずっとできるだけでも、二人の円滑化の一助になります。

朝出かける前に、夫婦ゲンカしていても、夫が帰宅してドアを明けた瞬間、「ただいま！」のひとことで、朝ケンカしたことが少し薄れます。妻の方から「お帰り！」「お疲れさまでした！」で、ケンカはもうちゃらです。

これが、夫はブスッとして帰宅し、妻もだんまりで迎えると最悪……。戻るはずの仲も、戻りにくくなるのは言うまでもありません。

私たち夫婦も、不思議に挨拶は欠かしません。

多分、結婚したその日から続けているので、もう習慣化しているのでしょう。

時には、「お早よう」ではなく、「お早ようございます」を略して、どちらからともなく「ござます〜」で始まり、「ござます〜」と、返します。（笑）

あるいは、「グッドモーニング！」で洋風に……。今は、ほぼ「ワクワク様」

で始まる一日です。（笑）ハタから聞くと、確かに奇妙かも知れませんね……。

でも、挨拶は、あくまでも二人のちょっとしたコミュニケーションの一つなので、二人の間で通じる言葉であればどんな表現でもいいのです。

急用が生じ携帯電話をかけると、用件を話す前必ず、これもまたどちらからともなく「お疲れ様！」とひとこと。

それにもうひとつ、とてもとても気恥ずかしいのですが、

2 朝から夫が出勤する際の、「チュッ」は数年は続けましたよ。（笑）

しかし、今はハイタッチか単なるハンドタッチに！「応援してるよ！」のパフォーマンスも、二人して歩む人生の時代と共に変化していきます。その形は二人の合意の上ならオーケイ！ですよね。

これがあると、夫も俄然エネルギーが入るみたいなのです。（笑）「応援してくれてるな？」と気持ちが伝わっているのは間違いなさそうです。

それに、

❸相手に何かやってもらった時は、必ず「ありがとう」を言う。

「サンキュー」でもいいのです。親しい仲であればこそ、大切な言葉です。わずかなことでもやってもらって当たり前と思うようになれば、相手との生活にあぐらをかくことになります。

夫（妻）は、自分の所有者ではなく、貴重なパートナーです。

その相手の存在に対しての感謝を忘れず、慣れあいを防ぐためにも、当初から二人が「ありがとう」の気持ちを伝えるようにしていると、随分違います。こんな簡単な言葉だからこそ、結婚当初から言わないと、途中からはなかなか素直に言えないものなのです。

とにかく、二人が何年経ってもうまく保てるように、生活の中にちょっとした挨拶や言葉など、スパイスを効かすよう決めておくといいですね。

何ごとも初めが肝心です。

ワンポイントアドバイス

・慣れ慣れしさの中にも、ほどよい緊張感のある言葉を

・相手をリードするのも、あなた（妻）の愛ある言葉から

12

四〇代からのケンカは猛毒発生!?

二〇代、三〇代においては、連れあいとケンカするエネルギーもまだまだ十分だと言えます。プイッと怒れば、それぞれがひとときキョリを置いて暮らしたり、しばらくの間双方が好き勝手なことをしながらも、徐々に再び歩み寄り元のさやに納まる、などと難なく繰り返す。

そんな人生も、二人とも体力がある若さの中では、時には新鮮味を感じながらの生活となることでしょう。

これが、三〇代後半から四〇代にかけて、生活への慣れあいにも輪をかけて、お相手とのすさまじいトラブル続きや互いに気に入らないことが発生すると、すぐにかみつきたくなるようでは、たまったものではありません。この年代は、身体的にも少しずつ下り坂を感じ、精神的にも安らぎや安定感を得たい時期です。こんな状態続きでは、双方ともストレスになりますよね。

そのような心身にとって重要な時期に、ケンカの日々では、互いに死期を早めるようなものです。何せ、医学博士であった故・佐藤富雄氏によると、四〇代からのストレスは猛毒に変わるとか。徐々に、穏やかな人生に入っていかなければならない時期であることを、二人して考えてみることも大事でしょう。

私たち夫婦もご多分に漏れず、結婚三年目くらいから双方にわがままが出てきたのか、言葉の言いあいが少々ひどかった時期があります。今、考えると、その時期夫はやっと三〇代半ばにさしかかり、私は五〇ジャスト付近。夫はまだまだいいけれど、私にとっては、くわばらくわばらです。私の方が、多分ストレスを感じやすい性格だと思うのですが、すぐ体にきていたような気がします。

それから、二人共、少しずつ賢くなってきたのか、極力言い争いをしないよう努める工夫をしました。

どちらかがヒートアップすると、しばらくして落ち着いた時に、何故ヒートアップしたのかを本人が考えます。時間が経過し、二人共穏やかな時に相手に語りかけ、何故自分が怒ったかの説明をするのです。あるいは、感情的になった方に何故怒ったのかを問いかけてもオーケイです。すると、「アー、相手も分かろうとしているんだ」と、理解するように心が動いていくものです。

このようになるべく二人の平常心時に、「ケンカをした時は、そのようにしよう！」と、根っ子の部分では平和協定を結んでおく必要があります。

あるいは、自分に非があれば、きちんと認めるようにするのも夫婦であれば大事なことでしょう。**くり返し、くり返しの双方の自己内省で、少しずつ二人の心の近づきがある**わけです。

衝突の原因は、意外に今の相手のことが分かっていないということが多いものです。「頭に来る！」内容を分析すると、「なんだ〜、そういうことなんだ！」なんてことは、夫婦の間ではざらですからね。

長い人生、二人して温かく生きていきたいのなら、年齢を経るごとに、双方が思いやることのできる生き方が望まれますよね。

ワンポイントアドバイス

・ケンカのたびに更に近づく二人であれば良し！
・大人なら、なぜ言い合いになったかを分析する

13

付加価値が高まる二人とは？

人生を共にする男女の付加価値が、どんどん高まる二人であれば、あなたと彼とは理想的な出会いと言えるでしょう。

そんな二人は、まず双方のパーソナリティーがよりよく発揮され、互いの人生も活性化されていくようです。夫の社会的地位が高まっていくことで、妻も社会的な評価がよりよくなっていくのです。

二人は、互いの良さを認めあえ、協力しあうことで、ぐいぐい芽が出るように伸びていきます。

例えば、元プロレスラーの北斗晶さんと佐々木健介さん夫妻にも、それは見られます。

結婚して20年が過ぎ、強い信頼関係と互いを大切にする二人は芸能界のオシドリ夫婦と言われています。それは二人の何とも言えないあどけない笑みからも伺われますね。

テレビの「ドッキリカメラ」という仕掛け番組を以前観たことがありますが、よく仕掛けられるのは夫の佐々木健介さんのようです。あの番組はちょっと意地悪番組に思えていましたが、誠にその人の実際を如実に表していて、笑いながら観ていたことを思い出します。番組の「落ち」でターゲットの人柄があらわになりますが、その瞬間、ゲストではめられてしまった佐々木健介さんの素顔が映ります。ここでは詳細は省きますが、彼は妻を本当に「大切な人」と想っている様が感じ取れるのです。その姿を傍らで微笑ましく観ている妻。その時の二人の何とも言えないあどけない笑みから「あ、うまく行ってる二人だな！」と思ったものです。

生活が苦しい時も支え合ってきた二人らしい、助け合い、活かしあえる二人の生活は今なお健在の様子。いつまでも仲睦まじい夫妻であってほしいものです。

まさに、二人の人生は支えあい、向上しあうことの相乗的な結果のような気がします。

もう一組気になるカップルは、芸能人どうし、これまた結婚20年を過ぎた田中美佐子さんと深沢邦之さん夫婦。

派手で目立つわけではない二人ですが相性がいいのかもしれませんんね。田中美佐子さんの方が7才上のようです。この方々も私生活でそれぞれの関係性を大切にしている様子を感じます。私も情報を外部から少しだけ垣間見たに過ぎませんが、長続きしていて側から見て、感じのいい二人は一般的に言う常にラブラブ夫婦というよりも、互いの立場を尊重し、大切にする気持ちを保ち、支え合いながら過ごしているように思います。

二組とも結婚20年を超え、今、なお関係性が健在なのは単なる「男性」「女性」というくくりを超えたところにある、人としての「愛」ゆえでしょう。20年という歴史でそれぞれの長所も短所も含めて「ヨシ！」とする。あるいは「仕方ないわ！」があり、許しあえる関係でもあると思います。そうでないと単なる「腐れ縁」の夫婦では悲しすぎますよね。これからも素敵なカップルでありますように！　とエールを送りたくなる二組です。

夫婦によっては、相手（夫や妻）が、今、何をやっているかを知らなかったり、「興味を持たないどうし」がいるようですが、これは、意味あって二人が出会ったことに対しての大きな損失だと言えるかもしれません。

結婚する二人は、もっとも影響しあえる身近な二人であり、支えあったり、助けあったり、励ましあったり、そして、イキイキと活かしあえる必要な二人なのですから。

それに、本来の相手なら飾らず遠慮せず、最も「自分らしさ」が発揮できてくるのです。そんな二人は、おのずといつの間にか、どんどん付加価値すら高まっていくのです。

ワンポイントアドバイス

・互いの人格を認め、やりたいことをやれる協力的な相手なら二人の人生は活性化の一途

14
夫は妻より起き上がり下手

ダンロの中の炎の大きさは、薪がいかにいい燃え方をしているか、そのために薪はバランスのいい置き方になっているかが大事です。

それと同様に、夫が総じてイキイキと生きているかどうかは、妻の存在の影響がかなり大きなものがあると思われます。

ビジネス戦士である夫が、会社で戦い疲れて帰宅してホッとすることができれば、どんなに生き返ることか。グチのひとつもこぼすと、優しく聴いてくれる妻がいることで夜のネオン街は上がったりでしょう。

確かに、現代においては妻であるあなただって、昼間は仕事してクッタクタ。

「私だって職場でのストレスはあるんだから、あなたは自分で自分のストレスくらい何とかしてよ！」

と、言いたい方もいることでしょう。


しかし、夫婦どちらが会社において地位の重要性があるかと問われると、まだまだ夫である男性の方だと言わざるをえません。

結婚して子供ができると、ただでさえ家の中では女が強くなるといわれる今、男たちは職場で叩かれ、家庭で叱られと、居場所をなくしています。

今、日本で一番多い自殺者は五〇代の男性、最も多い過労死は四〇代の男性です。

いずれも男性であり、女性ではありません。

ここが問題なのです。

いずれは、あなたのパートナーも企業世界の中枢に位置し、責任の二文字を背中に担いだ戦士となり、燃え尽きんばかりの状態となるやもしれません。

それに比べ、意外にバランスがとれるのは女性です。

女は少々の落ちこみがあっても、大泣きをしたり、おしゃべりしたり、甘いものをたっぷり食べたり、おしゃれをしたり、ステキな音楽を聴いたり、映画を観たり、と一時的でもストレスを発散する術を数多く持ち、逞しく雄々しく生き延びることができているのです。

それができない男である夫族をその妻が受けとめてあげ、容易に起き上がれない起き上がり小法師を立ち上がらせるのは、妻の役割でもあると思うのです。

◉妻の手の中で動くとき

妻であるあなたからの温かなひとことが、たとえいっときでも、夫はどんなに潤いを感じ、心のやすらぎを覚えることができるか。ホッとする場所があり、人（妻）に接するひとときがあるからこそ、翌日、戦場へ向かえるのです。

随分前に観た映画です。幻の邪馬台国の映画で、竹中直人扮する盲目の文学者、宮崎康平を見事に支え、盲目という失意の中で、幻の邪馬台国発見への道を導いた影の存在者である妻・和子（吉永小百合）の力には、たとえようのない偉大なものを感じざるをえませんでした。

康平は、和子の存在なくしては、彼の夢を実現することは不可能だったのです。和子も、単に康平の犠牲や支えに終始したという想いではなく、いつの間にか、彼の夢を実現することが、二人の夢であり二人三脚の人生になっていきました。

妻・和子の根底には、夫・康平に対する深い愛があったに違いありません。

彼は、いつしか和子という大仏様の大きな手の中で、温められながらイキイキと生きるようになっていたのです。

◉ 時には本音でぶつかる

後妻である和子の愛によって、先妻の子供たちも和子の想いに徐々に応えていき、見事なまでの親子関係を築くことになったのもこの映画の見所でした。ここが最も重要なところで、相手（子供たち）を無理に自分に向かせようとせず、和子は日常の中で、ただただ深い愛を温かさ厳しさで示していったのです。

その結果、子供たちは彼女に愛を感じ、変化していったのだと言えます。人は、人を無理に変えることはできないけれど、その人のことを真剣に想い、本音で接していくことで、相手は変化していくものだと感じ入るシーンは忘れられないですね。

かたや、康平と和子は大きなぶつかりあいも幾度となくありました。和子が康平に、卵やいろんな物を投げつけるシーンもあったくらいです。それは、本音で相手にぶつかるシーンです。恥も外聞もかなぐり捨てて、互いがぶつかりあうシーンは、却って、いっそういい夫婦になる予感すら感じさせました。

和子は「何であなたは、分からずやなの～っ！」って感じですね。

康平は、そんな和子の愛に包まれながら益々、仕事意欲に燃えていったのです。つまり、和子の強くて深い愛は、多少わがままな康平に、どんどんヤル気を出させていったというわけです。

夫・康平は、妻・和子の存在で益々燃え盛ることとなりました。

たとえ、夫婦の歩む道は違っていても（めざす道が異なる）、**受けとめたり、理解したり、信頼できる妻がいるだけで、夫族は安堵の思いで仕事に専念できる**ものです。

この夫婦の生きた時代は、確かに今とは異なり、若いあなたには受け入れ難いものがあるかもしれません。

しかし、この映画には「《男女の性差の違い》や《賢い女によって男は活きる！》」ことを知ることが出来ます。時代がどんなに変わろうと、男と女の本質には変わらないものがあると感じます。男性はいつの世も、坊や的戦士です。（男性の皆さんゴメンナサイ）

今一度、男性と女性の特質を見直す時期のような気がしてなりません。

ワンポイントアドバイス

・男と女の本質を知ることが、相手を操作（?・）することにもなる

15

体の症状は理解してもらう

女性が男性より年上の場合、どうしても男性にかなわないことがあります。それは体力。

女性三〇代、男性二〇代だとまだまだだいいのですが、夫よりも十才以上年上で、妻が四〇代後半になってくると、少ししんどく感じることがあります。

正直いって、私たち夫婦が出会い、結婚したのは夫三〇才で、私四七才、あと少しで私は五〇にさしかかろうとしていました。

当時、二人とも、自転車が大好きで良い天気の時は、サイクリングに出かけていたのですが、徐々に夫に遅れを取っていったのです。

当初、夫は

「何してんの？　ゆったり走ってるね！」

みたいな感じです。

「ア〜しんどいわ、もう〜分かってくれないんだから！」

ただでさえ、男性の方が力があるのに……。

こういうことから、

「そうなんだあ、私たちは年の差が十六もあるんだ」

と、意識し始めたものです。

そこで夫には、年の差に応じた体力の差をしっかりと理解してもらわんがための、コミュニケーションタイムをよくとったものでした。夫も初めは、理屈で分かっても、現実の生活の中ではなかなか理解し難いこともあるようでしたが、日々の中で、互いが歩み寄りの思いを育てることで、徐々に納得していったようです。

それでも、しっかり分かってもらうために、年上女房の私としては、時々健康状態に関し、夫には、それとなくメッセージを送ることも努めました。

五〇才を過ぎた頃、私の体に異変がおきました。

突然、吸う息が苦しくなったのです。少し動いてはハーハー。まるで、心臓でも悪くしたかのような症状です。病院で検査しても異常無し。原因が分からないだけに不安な毎日でした。

今、思えば何かのストレスが原因でもあり、ちょうど更年期の時期でもあったのです。夫の母親や姉たちは、いたって健康なため、更年期障害なんて無縁のもので、周りにもかなり心配をかけてしまいました。

しかし、これぱかりはどうしようもないものです。

更年期障害というのは、かかる時期や症状も人それぞれです。人によって、早い人は三〇代から四〇代前後にかけて発症する人もいるようです。

私の場合、症状は山あり谷ありでしたが、完治まで約一年はかかりましたね。「更年期障害」というのは、夫も初めて耳にすることらしく、症状の出始めたころは、心配を隠せない様子でした。

インターネットで調べたり、周りの健康に詳しい人に尋ねたりの日々が続きました。幸い私の場合、弟夫婦が遠方で薬局・健康食品店をやっているため、彼らからの情報で随分安心感を得ることができましたね。

要は、自分一人で悶々と悩まず、必ず体験者に相談したり、インターネットで知識を得ることが余分な心配を軽くすることになります。むろん、まず病院での検査をすることは言うまでもないことです。

そして、最も身近な夫に確実な情報を伝え、あなたの体について理解してもらうことや、ヘルプを求めることも大切です。そうやって、**片方に生じた障害**

を乗り越えるために助け合うことで、夫婦としてのあり方に一歩近づいたと言えるでしょう。

ワンポイントアドバイス

・体の支障は、二人の愛を深めるための一歩

・いっそう理解しあうため、男と女の体の違いを二人で語り合う機会をあなたが作る

16 二人がうまくいくための、それぞれの役割

仕事を持つ女性が、結婚してまず初めにぶつかるカベは、自分の時間の捻出です。

読書もしたいし、オハダの手入れも、時には友人とも会いたいし、と思いながらも、家事はほとんど女性の方にのしかかり、結婚後長期間ゆとりのない日々状態。当然ストレスも溜まります。

そこで、夫にも協力を求め、夫と共に一人の時間を、それぞれが確保するための役割分担のシステム作りをするのもいいアイデアです。

ある新聞に載っていた、夫婦の過ごし方を紹介します。

ＩＴ会社プログラマーのＹさん（二八才）と派遣会社Ｋ子さん（二五才）は、結婚して半年、家事分担で互いが協力し、スムーズに自分の時間を確保しているようです。

【夫のＹさん担当】

朝食作り、皿洗い、ゴミ出し、週末の掃除。

【妻のＫ子さん担当】

夕食作り、買物、ゴミ集め、洗濯、風呂掃除。

そして、一つだけ暗黙のルールがあるとのこと。家事の最中は、互いに口出しも、手出しもしないことです。

以前、Ｋ子さんが洗った皿に油汚れが残っていて、夫のＹさんが洗い直した時や、Ｙさんが干した洗濯物を見て妻のＫ子さんが「形崩れする」と言った時も、ケンカになったらしい。少々の相手の落ち度には目をつぶることも必要です。無理せず、構えず、自然体で家事分担をするのが、うまくいく秘訣のようで、Yさんは、「自分たちの世代では当たり前！」とさらりと語っています。

その結果、二人とも、残りの時間をそれぞれが、自由に使えるということなんですね。

これから二人共、ずっと仕事を続けていくカップルは、結婚生活も賢くプロデュースしていかなければ、どちらかに負担がかかり、うまくいきにくくなるのは目に見えています。


あるいは、子供ができると、生活スタイルは、更に大きく変わってくるわけですから、その都度二人の意識のすり合わせは、しっかりしておく必要があると言えます。

今の若いカップルには、先に紹介した夫婦のように、結婚すると二人の家事分担は当然！　と思っている男性が増えていますが、少し年齢が高くなると、まだまだ家事は女性がやるものと思っている男性も結構いるものです。その男性が、どのような時代背景や環境で育ってきたかで考え方も異なりますから、そこは家事へのヘルプを求めるあなたなら、言葉で相手にしっかり理解を得ることです。

そこのところを曖昧のまま結婚生活をスタートすると、互いの生活スタイルのくい違いで、亀裂が生じることがありますからね。それぞれの思い込みが、互いの誤解のもとになりかねないので、あなたがしっかりとイニシアチブをとり、話をしてほしいものです。

私たちの場合、結婚当初から夫は仕事がら帰宅は、ほとんどが夜の十時から十一時。家のことなどできる状況ではなかったので、私が全ての家事をすることに。夫には、仕事に専念してもらいました。

私の仕事量は減らし、夜の食事など夫の健康管理も私が全てやることでスタートしたのです。

私の独身時代、大方の時間を人と接することなど仕事中心で費やしていたせいか、結婚当初、家の中での家事中心の生活になかなかなじめない日々がありました。

「まあ、大丈夫のはず！」と、思っていたのが大間違い。

結婚したのが四〇代後半、長年の生活スタイルは変え難いものです。

外へ向けてのエネルギーを家の中に変えただけなのに、大好きだった仕事があまりできない、ということからストレスが生じ、時も悪く更年期障害とも重なり心身がコントロールしづらい時期がありました。

私の仕事は出張などもあり、一日立ちっ放しの研修が二日も続くとヘトヘト状態。次の仕事の準備があると頭の中はそのことでいっぱい。若い時と異なり体力を保つのが難しく、家事とのバランスをとるのは性格上無器用でもあり、とうてい無理！　という結論を出したのです。

その時夫は、

「何とかなるよ。好きなようにやってみたら？」と、言ってくれましたが、自らの限界が分かるので、欲張りはやめることにしたのです。

私の人生の中で何が一番大切か、というと仕事のキャリアより、やはり家庭一番です。仕事にはてごたえがあり、その醍醐味は何とも言えない喜びでもあります。しかし、それでも私はパートナーとの温かな生活の育みが欲しかったのです。と、言いながらも、実は次の夢へ向かって、このようにペンを走らせたり、準備段階でもありますが……。

確かに五〇代の後半ともなれば、そんなに無理はできませんが、二〇代から四〇前半くらいなら、まだまだ大丈夫なラインです。

そして、まずはあなたが、これからの人生、何が最優先かを見きわめること。何故、彼と結婚したかを考えることも重要です。

それから、経済的にも許される範囲で、バランスのとれる生活スタイルを作ることが最も望ましいと言えるでしょう。要は、カップルが十組いれば十組十色で、それぞれの夫婦の生活スタイルにあった二人の個々の役割があるというわけです。

長い結婚生活をうまく運ぶためにも、互いが同意できる役割を決めることは欠かせませんよね。

ワンポイントアドバイス

・全てスタートが肝心、試行錯誤のくり返しで二人の納得いく役割を！

17

縁の下からのイニシアチブ

総じて、男性はひ弱になったといわれますが、少子化の中、過保護に育てられてきた男性も少なくありません。

そんな中、甘えるだけの女性にうっとうしさを感じる男性も多くなりました。自分が甘えて育てられてきたので、甘えられてもどうしていいかも分からず、自分の方がまだ甘えたいのでしょう。

もしも、そんな男性を好きになったのならば、あなたがしっかり導くぐらいの気がまえで望めばいいだけのことなんです。

それに、もしあなたが彼より年上ならば、二〇代前半のようにかわい子ちゃんだけで迫っても、意味をなさないことを知る必要があります。

年下の男性は、あなたの外見の輝きと共に、自分と同年代の女性にはない熟した（?）中身に惹かれることが多いものです。それに年下の男性から見れば、自分が若い分、人生経験のある女性といることで、人生が実りあるものになる期待もわずかながら抱いているもの。

あなたが年上なら、年の差だけあなたは、彼より生きる上での苦しさや辛さを乗り越えることの術を持っているはず。あるいは、喜びや楽しさも共有できることで倍加することすら知っています。

その年輪の差で、相手を包み、影響力を与えるくらいの大きな想いなら、それは十分に温かな心として彼に伝わることでしょう。同年代の相手との出会いとはまたひと味違った、あなたの良さが出てくるに違いありません。何となくひ弱さの見える彼でも、あなたが出会い、人生を共にしたいのなら、あなたの影響する力も加わり、相手に変化が訪れることを期待すれば、それでいいわけです。

現代において、王子様のようにステキで強い男性に出会いたいなどと夢を見すぎることが、そもそも大きく失望するもとだということに、女性たちは気付かなければなりません。

過去の時代の産物である（ごめんなさい失礼な表現かも……）、少しばかり軟弱な男性をパワーアップせんがために、現代の若き女性達は強くなったとも受け取れます。そのような男性と縁があるということは、出会いが二人にとって必要だからあったわけです。

とても意味ある出会いです。

私が当時四三才で出会った頃、夫は二八才になったばかり。よもや結婚などは想像もしなかったのですが、どんなに年の差があろうと、縁あるものとは切れないようになっているようです。

それに、結婚するまでは仕事で動き回る日々のため自分のことで精一杯だった私が、いつの間にか、

「よしっ、夫の縁の下の力持ちになったるぞ！」

なんて、殊勝なことを思いつつ生きているから、全く不思議です。

女房族は、その気になれば、夫を縁の下で支えながらも、さりげなくイニシアチブをとっていけるのです。それを無言のうちに夫も喜び、許しています。それが、夫婦のうまくいく秘訣のひとつだと言えるかもしれませんね。

私自身、考えたこともない十六才年下という夫との出会いでした。せいぜい離れていても七～八才くらいかな？　と想像していたのが何のそのです。

だから、男と女の出会いっていうのは面白いものでもあるのです。

◉ あなたの役割を考える

そこで、そのせっかく出会った『年下の夫』に対し、年上女房の私の役割って何だろう？　って考えたことがありました。

夫より十六年早く生まれ、それだけの人生をすでに歩いてきているという事実は貴重です。彼より余計に歩んできたその道のりで得たことを、彼との生活で活かさない手はないのですから。

私の経験から学んだこと、得意なことを必要が生じたとき、その都度伝えることも可能です。夫に対し、決して年上としての上位的目線で話すことはありませんが（自分ではそう思っていますが……）、年の功的な発想は日常の中で、ちょくちょく出てくるようで、夫にもわずかばかり役立っていることがあるのは事実です。

このことを含め、私自身がイニシアチブをとっているかどうかは、客観的な目に委ねることとしましょう。（笑）

もちろん夫からも、私の不得意なパソコンなどメカ全般については、しょっちゅうヘルプを受けていますけどね。互いがそれぞれの年代の立場であることを認め合いながら生活の中で双方の力を有効活用していくことで、二人のキャパもまた拡がりを増していくというものです。

さて、あなたはどんな形で、彼の縁の下の力持ちとなり、さりげなくイニシアチブをとることができるでしょうか？　先行きが楽しみです。

ワンポイントアドバイス

・あなたの感化力で夫も更に強くなる
・あなたの温かな強さがイニシアチブをとれる

終わりに

読み終えたあなたは、今どのようなお気持ちでしょうか？

お二人の出会いを、今より一歩深いところで考えるきっかけになりそうであれば、私にとって望外の歓びです。

結婚するからには、誰もが「相手と一生添いとげたい」と思うのは、ごく自然なことでしょう。

いっそ、男と女が長い人生を共に生きるのであれば、一＋一は二のみならず、その力が五〇になり、百になるとしたらどうでしょう。二人の周囲は、「あなた方のような結婚がしてみたい！」と、現実の結婚を「希望」として捉える方々が増えることでしょう。私は、それは可能だと思っています。

夫婦の人生は辛酸をなめあったり、デコボコあるなどしかり。しかし、そのデコボコプロセスが、夫婦の人間性を磨き絆をいっそう強くするものとなれば、二人しての人生の大嵐だって大歓迎です。

要は、必然的な出会いの二人が精いっぱいの力を合わせ、荒波をいかにして乗り越えることができるか？　です。

それらは全て、そのカップルにとって必要であり人生の課題だからおこると思えば何ら問題はありません。それに、その状態を二人して乗り越えた時の感動と壮快感は何とも言えないものがあります。

今、「結婚」したい女性たちが増えている現状でもあります。

そのような彼女たち、中でもキャリアを磨いてきた四〇代以降の女性たちが、仕事での成功は掴みかけているものの、はたと、立ち止まると「私生活では虚無な自分を感じ、ここらで安らぎを得たい」とか、「やはり、先行き不安」などの心の状態が結婚へと気持ちを向かわしめるようです。

しかし、それは彼女たちの人生に対する「守りの選び方」であって、承服しかねるものがあります。


私は決して、彼女たちの選択する「結婚」というのが間違っているというのではありません。

「淋しいから」とか「老後が不安だから」などという、心の負の状態から出てきた人生の選択だから、ちょっと恐いな、と思うのです。

「結婚生活」というのは、決して淋しさを埋めるものでも、不安を解消するためのものでもありません。

あくまでも、次の人生へのステップアップへのステージだと思っていただいた方がいいですね。

表現を変えると、更なるあなたの次の飛躍の場とも言えます。

職場オンリーの生活からパートナーをはじめ、まわりの親族の方々との人間関係もスタートします。今までより人としても磨きがかかり、ひとまわりも、ふたまわりも大きくなれるステージなのです。

心から人を愛する学習の場でもあります。

よりよい新しい人生のためにも、どうか、結婚は焦らないで下さい。慌てないで下さい……。でも、その一歩を踏み出さないと永遠に「結婚」というステージに移行することはできません。全てはそこからだと思います。

それに、結婚生活の未来は「今、瞬間のあなたの想い方そのもの！」だということをどうぞお忘れなきよう。

あなたの幸せな出会いと道のりを、心から想いながら……。

このたび、数ある出版社の中でも、勢いの目覚ましいＣｌｏｖｅｒ出版様とのご縁を頂きました。また、小田編集長からの温かく力強いお声がけでの出版の流れになりましたことに言葉で表現できない身の幸運を感じています。それに、世界を股かけ活躍する異文化戦略・経営コンサルタントのサチン・チョードリーさんには素晴らしい推薦のお言葉を賜り、この上ない歓びと感謝に包まれる想いです。

この紙面をお借りしてＣｌｏｖｅｒ出版様と小田編集長、サチン・チョードリーさんに幾重にも心から御礼を申し上げます。それに執筆をするにあたり温かく応援してくれた「ひまわりの会」のメンバーの皆さんや、パソコンなどメカ音痴の私のヘルプをいつも根気よくしてくれている夫に心から「ありがとう！」と謝意を表したいと思います。

杉林せいこ（すぎばやし せいこ）

福岡在住、昭和26年生まれ。

九州を拠点として、ハウステンボスをはじめ教育機関、官公庁、一般企業、各種団体などの企業人財教育、接客販売教育を行い、人財育成コンサルタントとしてTV・ラジオ・雑誌にも多数出演。講演・セミナーを通じ、延べ3万人超の人財教育を経て、47才の時に16才年下の夫と結婚。

それを機に、エッセイ・自己啓発書の執筆、セミナー・個人セッションを活動の中心に置き、また自身の命を救ったインドスパイスとの出会いから、夫と共に身体に良い食材を使用した本格的なインドレストランも営み現在に至る。

近年では世界の異文化戦略・経営コンサルタントのサチン・チョードリー氏の依頼により紹介文を執筆担当した、子供向け健康食品が「FOODEX 美食女子 Award 2019」金賞を受賞。執筆活動の幅をさらに広げる。

また、20年前より目に見えない世界からのメッセージを受け取るようになるも沈黙を続けていたが、2018年より公への発信を決意。現在、ブログにて公開中。

●著者ブログ
『全てうまくいく、ワクワク宇宙人チチルとSEIKOの人生ナビ』
https://ameblo.jp/toshiue-kodakusan/

●著書
「選ばれる女性になるための45か条」（近代文藝社）
「めぐり合う人も日も自分では決められない」（書肆侃侃房）
「早く気づけばそれだけ早く幸せがくる」（書肆侃侃房）
「あなたが輝くビジネスマナー」（創成社）他

●レストラン経営
インド料理レストラン（コミュニティ）

装丁／冨澤 崇（EBranch）
校正協力／大江奈保子
編集・本文design＆DTP ／小田実紀

40代からは、「わたしらしく」ふたりで生きる。

初版１刷発行 ● 2019年４月22日

著者

杉林《すぎばやし》 せいこ

発行者

小田 実紀

発行所

株式会社Clover出版

〒162-0843 東京都新宿区市谷田町3-6 THE GATE ICHIGAYA 10階　Tel.03(6279)1912　Fax.03(6279)1913
http://cloverpub.jp

印刷所

日経印刷株式会社

ISBN978-4-908033-27-8　C0095